高速公路绿化养护手册

A Manual for Expressway Greening Maintenance

北京市首都公路发展集团有限公司　编

人民交通出版社

内 容 提 要

本书详细介绍了高速公路绿化养护的相关知识。全书共分为六章，分别为：高速公路绿化日常养护、不同区域绿化养护、灾害性天气养护、绿化常用养护机械、病虫害防治、作业安全要求和附录常见植物图谱。本书具有科学性、实用性和通俗性三大特点，能有效促进高速公路绿化养护工作的科学化、专业化和规范化，提升高速公路绿化养护水平。

本书可供高速公路运营管理、设计与施工、养护作业等相关人员参考，还可供大专院校高等级公路维护与管理、园林工程及相关专业师生教学参考。

图书在版编目（CIP）数据

高速公路绿化养护手册 / 北京市首都公路发展集团有限公司编. — 北京：人民交通出版社，2011.5
ISBN 978-7-114-08878-0

Ⅰ. ①高…　Ⅱ. ①北…　Ⅲ. ①高速公路—绿化—手册
Ⅳ. ①U418.9-62

中国版本图书馆CIP数据核字（2011）第016943号

书　　名： 高速公路绿化养护手册
著 作 者： 北京市首都公路发展集团有限公司
责任编辑： 卢仲贤
出版发行： 人民交通出版社
地　　址：（100011）北京市朝阳区安定门外外馆斜街 3 号
网　　址： http://www.ccpress.com.cn
销售电话：（010）59757969、59757973
总 经 销： 人民交通出版社发行部
经　　销： 各地新华书店
印　　刷： 北京盛通印刷股份有限公司
开　　本： 787 × 980　1/16
印　　张： 15.25
字　　数： 269 千
版　　次： 2011 年 5 月　第 1 版
印　　次： 2011 年 5 月　第 1 次印刷
书　　号： ISBN 978-7-114-08878-0
定　　价： 99.00 元

《高速公路绿化养护手册》编审委员会

主　　任：郭普金　王亚忠

副 主 任：张恒利　刘绍民

编　　委：孔祥杰　王英宇　李义强　屠殿松　邹立华　张明月

主　　编：李义强　张恒利

副 主 编：孔祥杰　张东旭　屠殿松

编写人员：吴　斌　崔来军　张　宾　张　军　刘小鸿　刘　超
刘　波　殷秋莲　关　超　刁　岩　见　义　张春青
周顺新　孙宇轩　朱丽娟　袁明海

前　言

高速公路是连接城市之间的主要交通脉络。伴随高速公路不断向前发展，高速公路绿化从单纯的植树种草到绿化美化生态环境，从路边植树到中央分隔带、边坡、平台、桥区、服务区、岩体等的全方位绿化，其内涵已发生了巨大的变化。高速公路绿化除具有调节气候、涵养水源、保持水土等生态功能外，还可以稳固路基、疏导交通、美化和丰富沿线的景观，从而创造优美、舒适、安全、绿色行车环境，提升高速公路的整体服务功能。

为了将高速公路绿化养护管理纳入科学化、规范化的管理轨道，不断提升高速公路绿化的整体景观效果，特编写此书。此书共分为六章，分别为日常养护、不同区域绿化养护、恶劣天气养护、绿化养护常用机械、病虫害防治、作业安全要求和附录常见植物图谱。在本手册编写过程中，作者汲取了北京市高速公路绿化养护的实际经验，参照了大量文献，广泛征求相关单位和部门的意见，力求做到以下几点：

1. 科学性。本手册认真讨论研究了植物生长发育的物候规律、植物不同时期对水肥光温的要求、高速公路不同绿化区域的特点等问题，做到养护时间、方法和内容有充分的科学依据。

2. 实用性。本手册的内容力求能够对高速公路绿化养护工作的程序和方法进行规范和指导，具有很强的可操作性。

3. 通俗性。在本手册编写过程中，作者通过多种方式广泛收集资料、采集图片，努力做到逻辑清晰、图文并茂、通俗易懂，使高速公路绿化养护人员能够很容易地掌握绿化养护的各项作业项目，从而更好更高效地完成养护工作。

本手册的编写是北京市首都公路发展集团有限公司对高速公路绿化养护工作进行规范和指导的积极探索与尝试。通过联系实际、总结经验、精心编写和不断完善，绿化养护手册将成为指导高速公路绿化养护专业性、系统性、具实际指导意义的参考资料，并将在提升首都高速公路绿化养护水平、改善城市生态环境、提升城市形象以及推动城市可持续发展等方面发挥重要作用。

本手册具体编写分工如下：李义强编写第一章；孔祥杰、张东旭、刘小鸿编写第二章；屠殿松、吴斌、崔来军编写第三章；张宾、张军、刘超编写第四章；刘波、殷秋

莲、关超、刁岩编写第五章；见义、张春青、周顺新编写第六章；孙宇轩、朱丽娟、袁明海编写附录部分。

本手册在编写过程中得到了各参编单位的大力支持，参与编写的人员付出了艰辛劳动；在编写过程中，作者参考并引用了大量有价值的资料，在此一并表示感谢。

本手册成稿后经过北京市园林科研所韩丽莉，北京农学院付军，北京景观园林设计有限公司余传琴、李燕彬，北京三元绿化工程公司魏曙明，从事多年高速公路绿化养护工作的高慧敏、李学沄等专家的评审，在此表示感谢。

由于学识和时间有限，书中难免存在疏漏不足之处，敬请批评指正。

目　　录

第一章　日常养护 …… 1

第一节　养护月历 …… 1

第二节　养护作业项目 …… 10

第二章　不同区域绿化养护 …… 34

第一节　中央分隔带绿化养护 …… 35

第二节　边坡绿化养护 …… 39

第三节　平台绿化养护 …… 40

第四节　桥区绿化养护 …… 41

第五节　服务区及驻地绿化养护 …… 47

第六节　岩体绿化养护 …… 56

第三章　恶劣天气养护 …… 58

第一节　雪灾 …… 58

第二节　冻害 …… 59

第三节　风害 …… 61

第四节　洪涝灾害 …… 62

第五节　高温危害 …… 63

第四章　绿化养护常用机械 …… 65

第一节　割灌机 …… 65

第二节　剪草机 …… 67

第三节　绿篱机 …… 68

第四节　油锯 …… 69

第五节　洒水车 …… 70

第六节　打药车 …… 71

第七节　草坪打孔机 …… 72
第八节　发电机 …… 74
第九节　水泵 …… 75

第五章　病虫害防治 …… 76

第一节　常绿乔木 …… 76
第二节　落叶乔木 …… 86
第三节　灌木 …… 127
第四节　花卉及地被植物 …… 141
第五节　攀援植物 …… 148
第六节　草坪 …… 152

第六章　作业安全要求 …… 155

第一节　日常养护作业安全 …… 155
第二节　作业人员安全 …… 159
第三节　岩体绿化养护作业安全 …… 160

附录　常见植物图谱 …… 161

第一节　常绿乔木 …… 161
第二节　落叶乔木 …… 167
第三节　灌木 …… 198
第四节　花卉及地被植物 …… 213
第五节　攀援植物 …… 225
第六节　草坪 …… 231

参考文献 …… 234

第一章　日常养护

高速公路绿化养护是一项系统性、日常性很强的工作，包括很多作业项目，如浇水、整形修剪、施肥、病虫害防治、防寒、除草、补植等，这些工作都需要在恰当的时间、针对不同的植物、以适宜的方式进行才能获得良好的养护效果，如表 1-1 所示。

表1-1　日常养护时间表

项目＼月份	一月份			二月份			三月份			四月份			五月份			六月份			七月份			八月份			九月份			十月份			十一月份			十二月份		
	上	中	下	上	中	下	上	中	下	上	中	下	上	中	下	上	中	下	上	中	下	上	中	下	上	中	下	上	中	下	上	中	下	上	中	下
浇水							—	—	—				—	—	—	—	—									—	—					—	—	—	—	
施肥							—	—																		—	—									
补植								—	—	—	—	—								—	—	—	—								—	—				
病虫害防治	—	—	—	—	—	—	—	—	—	—	—	—	—	—	—	—	—	—	—	—	—	—	—	—	—	—	—	—	—	—	—	—	—	—	—	—
修剪	—	—	—	—	—	—				—	—	—	—	—	—	—	—	—				—	—	—	—	—	—							—	—	—
除草													—	—	—	—	—	—	—	—	—	—	—	—	—	—	—	—	—	—						
涂白											—	—														—	—									
防寒/去除防寒									—	—	—																				—	—	—			
护林防火	—	—	—	—	—	—	—	—	—	—	—	—																			—	—	—	—	—	—
绿地保洁	—	—	—	—	—	—	—	—	—	—	—	—	—	—	—	—	—	—	—	—	—	—	—	—	—	—	—	—	—	—	—	—	—	—	—	—

第一节　养护月历

一月份

物候：

植物处于休眠期。

养护内容：

①冬季修剪：冬季修剪主要是培养苗木骨架和枝组，疏除多余的枝条和芽，以便于营养集中于少数枝和芽上，使新枝生长充实。同时疏剪掉过密枝、枯死枝、伤残枝、病

虫枝、交叉枝及一些扰乱树形的枝条，以使树体健壮，外形饱满、匀称。

②防寒：及时检查防寒设施绑扎、立桩情况，发现松绑、铅丝嵌皮、设施破损等情况时立即修补。

③病虫害防治：冬季是控制越冬病虫害的有利时机。在虫害较严重地区，清理、挖掘栖息在枯枝落叶、土壤等处的虫蛹、虫茧，并集中销毁，对控制尺蠖、透翅蛾、刺蛾、蚧壳虫等多种害虫都有显著效果，清除销毁枯枝落叶还可以减少越冬的病原菌。

④护林防火：冬季天气干燥，草坪及地被植物地上部分多已干枯，火灾隐患加大，养护人员应结合每日保洁工作清除易燃物，同时对绿地仔细进行检查，发现隐患及着火点应及时处理，以降低火灾风险。巡视车辆应配备几个干粉灭火器，发现火情及时扑灭，并清扫灰烬。

⑤其他：雪后在树下堆雪，可防寒、防旱。但严禁堆放撒过融雪剂的雪。

二月份

物候：

毛白杨、馒头柳、迎春芽始萌动，山桃芽膨大。

养护内容：

①冬季修剪：继续对苗木进行整形修剪，同时去除枯枝、病枝，剪下的枝条及时清走。

②草坪养护：上、中旬防止草坪过度践踏，下旬对老草坪进行梳草工作，清除过厚的草垫层。

③病虫害防治：中、下旬防治蚧壳虫，可在树干上设西维因药环或在树干基部围钉塑料薄膜环，防止若虫上树。若发现草履蚧幼虫，应及时喷速蚧克、康福多等药剂。

④开春工作准备：对水井及灌溉设施进行检修维护，为春季浇水做好准备；做好缺苗统计工作，为补植做好准备。

⑤护林防火：加强巡视，重点防范春节前后燃放烟花可能引起的火灾。

三月份

物候：

上旬：山桃等芽膨大，连翘、榆叶梅、油松芽始萌动。

中旬：馒头柳、毛白杨现花序，迎春现蕾，银杏、洋槐芽始膨大，山桃始花。

下旬：毛白杨盛花，山桃、迎春始花，玉兰始花，馒头柳、蔷薇始展叶。

养护内容：

①补植。土壤解冻后，应及时补植。做好春季苗木补植工作，做到随运苗、随修剪、随栽植、随浇水、随封堰，提高苗木的成活率。对新补植的高大乔木设支撑，防止倒伏。

②浇水。因春季干旱多风，蒸发量大，越冬树木易发生生理干旱，为防止春旱，对绿地等应及时浇水。上、中旬给树木浇解冻水。根据气温、地温、土壤含水量、不同植物根系活动和萌芽情况等综合因素，科学、及时地安排浇水时间和浇水量，确保树木花草成活和返青。

③施肥。土壤解冻后，开始施基肥。对宿根花卉、球根花卉、花灌木等结合灌水进行施肥。

④草坪养护。草坪开始进入返青期，及时全面进行草坪养护管理工作。

a. 全面检查草坪土壤平整状况，可适当添加泥炭或细沙进行平整；

b. 对践踏过度、土壤板结的草坪，应使用打孔机（或其他简单工具）打孔松土透气；

c. 及时拔除草坪中出现的杂草、枯草，对草坪空秃地块进行补播；

d. 下旬可适当追施一次氮肥（尿素，10 ~ 15g/m^2）或草坪颗粒肥（缓释型）；

e. 冷季型草坪浇第一次春水，出现倒春寒时，可推迟到四月份；

f. 适当进行低修剪，可促使草坪提早返青。

⑤病虫害防治。

上旬注意防治草履蚧，喷洒西维因可湿性粉剂等药物，消灭幼虫。

下旬防治桧柏上的双条杉天牛、柏肤小蠹，可采用菊酯类等触杀性强的药剂封干防止成虫产卵，或采取饵木诱杀成虫等措施。

⑥拆除防寒包盖物。出现倒春寒时，可推迟到下旬进行。

⑦护林防火。加强防火巡视，消除隐患，及时处理着火点，避免火灾发生。

四月份

物候：

上旬：玉兰盛花，迎春、连翘盛花，垂柳、馒头柳盛花，毛白杨末花，海棠展叶。

中旬：丁香、西府海棠、紫荆始花，榆叶梅、紫叶李盛花，大多数植物展叶。

下旬：碧桃、黄刺玫、油松始花，玉兰、西府海棠、连翘末花，槐树、臭椿展叶，馒头柳始飞絮。

养护内容：

①补植。四月上旬应抓紧时间种植萌芽晚的树木，对冬季死亡的灌木应及时拔除并

补植，对新种植的树木要充分浇水。高大乔木栽植后要及时加支撑，防止倒伏。

②修剪。剪除冬、春季干枯的枝条，修剪常绿绿篱，乔灌木及时去除杂乱萌蘖，以保持优良树形，减少水分和养分浪费。中央分隔带的桧柏“五一”前进行一次修剪，以确保整齐明快的高速公路景观。

③拆除防寒风障。北京四月上、中旬拆除为宜；依天气情况可提前或后退。

④病虫害防治。

上旬防治栾树、国槐、桃树及月季上的蚜虫，可喷菊杀乳油、苦参素等药物进行防治。

中旬防治柳毒蛾、天幕毛虫、杨尺蠖、桑刺尺蠖等幼虫，喷施灭幼脲、辛硫磷吡虫啉、毒死蜱等低毒高效农药；预防松柏、山楂红蜘蛛和朱砂叶螨等，可用有压力的清水或很低浓度的药剂冲洗树冠或喷施 Bt 乳剂、西维因、尼索朗等药剂。

下旬防治杨、柳、海棠等树木上的腐烂病和锈病，以石硫合剂、托布津、多菌灵等高效低毒农药防治为主；防治侧柏或桧柏上的双条杉天牛、柏肤小蠹，一般选用菊酯类药剂。

⑤涂白：对胸径 6cm 以上落叶乔木进行树干涂白，涂白高度为 1.2m，涂白要均匀且上口整齐，确保在“五一”前完成。

五月份

物候：

上旬：洋槐、黄刺玫始花，紫荆、海棠末花，馒头柳飞絮末，野牛草开始返青。

中旬：月季始花，刺槐花末。

下旬：合欢、蜀葵始花，月季盛花，鸢尾始花。

养护内容：

①除草。对护坡、色带内的杂草及时拔除，对林下空间、草地区域的杂草及时进行修剪。

②浇水。本月是大多数植物枝叶速长期和开花期，需水量很大，应适时进行生长期灌水。

③修剪。修剪残花，对连翘、碧桃、丁香、榆叶梅、紫荆等花灌木进行花后修剪及枝条更新；新植树木及时剥芽去蘖。

④草坪养护。进行草坪浇水、修剪工作。适当施用磷酸二铵以促进草坪生长。依生长量间隔 10 ~ 15 天剪草一次，留茬高度可根据不同品种控制在 3 ~ 5cm 左右。

⑤病虫害防治。

上旬防治第一代槐尺蠖、越冬代柳毒蛾、油松毛虫等，可喷灭幼脲、Bt 乳剂、百虫杀、快杀敌、锐劲特等药剂；防治桧柏、苹果、海棠、毛白杨等树锈病，可喷施粉锈宁；防治白蜡、丁香、银杏、国槐、柳树等树上的木蠹蛾、天牛等蛀干害虫，可注射、喷施菊杀乳油或敌敌畏乳油等。

中旬防治国槐潜叶蛾、元宝枫细蛾等，可采取捕捉、摘虫叶、喷药等措施。

下旬防治松梢螟，可剪掉带虫的枯枝，消灭越冬幼虫及喷施 50% 杀螟松乳油；防治月季黑斑病可定期喷施绿得保、溶菌灵、菌克清或腐霉剂等。

六月份

物候：

上旬：栾树、合欢、珍珠梅始花，臭椿花末。

中旬：木槿始花，合欢、女贞盛花。

下旬：紫薇、青桐、大花萱草始花。

养护内容：

①除草。对护坡、色带内的杂草及时拔除，对林下空间、草地区域的杂草及时进行修剪。

②浇水。遇高温干旱天气要及时浇水。新植树木增加 1 ～ 2 次浇水，对弱树和珍贵树木可结合浇水施追肥。

③夏季修剪。继续对树木进行剥芽除蘖工作。对绿篱、球类及部分花灌木进行修剪。

④草坪养护。加强草坪特别是冷季型草坪的修剪养护工作，修剪高度应适当高一些，一般在 6 ～ 10cm 左右。适当控水控肥，注意防止病害的发生及蔓延。浇水应避开高温时段，尽量在早上浇灌，禁忌地表积水。施肥应以钾肥为主，避免施用氮肥，施肥量以 15g/m^2 为标准。草坪每次修剪后要及时喷洒杀菌剂，防止病菌感染，主要农药有多菌灵、代森锰锌、甲基托布津等。

⑤病虫害防治。

上旬防治第一代美国白蛾、紫薇蚜虫、斑衣蜡蝉，可喷施辛硫磷、Bt 乳剂、灭幼脲等。

中旬防治考氏白盾蚧、紫薇绒蚧等害虫若虫，可喷施杀螟松、菊杀乳油等；防治红蜘蛛，可喷施三氯杀螨醇、克螨特等乳油类杀螨剂或在若虫期喷施尼素朗乳油；防治光肩星天牛或捕杀成虫，可使用菊酯类药效期较长的触杀剂。

下旬主要防治第二代槐尺蠖、元宝枫细蛾、槐叶柄小蛾等害虫，建议喷施灭幼脲 3 号。

⑥汛前准备。做好汛期前的检查工作，对支撑松动、倾斜的树木进行扶正、加固及

重新绑扎，防止暴风雨造成倒伏，疏通绿地排水系统。

七月份

物候：

栾树始花，紫薇、木槿本月盛花期。

养护内容：

①草地管理。对护坡、色带内的杂草及时拔除，对林下空间、空地的杂草及时进行修剪；及时清除人工草坪内杂草，防止草荒出现；冷季型草坪每 15 天修剪一次，修剪后草坪高度 8cm 左右，注意控制浇水次数和浇水量，防止草坪病害蔓延。

②排涝。本月气温最高、雨量集中，要认真抓好防暑、排涝的工作。对洋槐、千头椿、小叶白蜡等浅根性、树冠过大过密的树木要及时修剪，保持树冠通风，防止暴风雨造成树木倒伏或树枝折断等情况的发生。

③雨季补植。本月雨水充足，可以补植常绿树。新植树木要设立支撑，并根据天气变化及时浇水和排涝。

④病虫害防治。

上旬防治白蜡、元宝枫、柿树等乔木和月季等花灌木上的各种刺蛾，可喷各种菊酯类农药；

通过综合采取控制温度、清除病原、及时排水等措施，防治宿根花卉疫病、合欢枯萎病、月季白粉病，病害严重时可喷洒百菌清、多菌灵、杀毒矾或用噁霉灵灌根等杀菌剂。

中旬喷药防治光肩星天牛成虫、第二代美国白蛾。一方面可人工捕杀成虫，另一方面根据成虫交配前要补充营养的习性，可往柳树等寄主树叶上喷洒菊杀乳油等低毒高效农药，如灭幼脲 1 号、3 号等，连喷两次，间隔 7 天左右可毒杀成虫。

⑤其他。及时做好国槐、栾树等春季新植树木的夏季修剪工作，要根据树木生长情况适时地掰芽、定枝、截短，以确保新植树木尽早形成树冠；及时彻底清除色带、宿根花卉、花灌木等植物上的菟丝子，防止其开花结果进一步扩散蔓延，影响植物的生长。

八月份

物候：

栾树、国槐上中旬盛花期。

养护内容：

①排涝。继续做好绿地内植物的排涝工作，防止植物因涝致死。绿地积水不超过

24 小时，宿根花卉种植地积水不超过 12 小时。排水时可采用开沟、埋管、打孔等措施，必要时可用水泵抽水。

②除草。杂草生长旺盛，要及时除草，对护坡、色带内的杂草及时拔除，对林下空间、草地区域的杂草及时进行修剪。

③修剪。四月份未修剪或生长不整齐的中央分隔带绿篱，八月下旬必须进行整形修剪，为国庆节前的绿篱景观奠定基础；各种色块、色带和黄杨球要根据植物生长情况适时进行修剪，以确保整齐、美观、明快的景观效果。

④病虫害防治。

上旬防治第三代槐尺蠖、柏毒蛾、槐潜叶蛾等，可喷施除虫脲（灭幼脲 1 号）胶悬剂，注意喷药均匀、周到。

中旬防治扁刺蛾、黄刺蛾等第二代幼虫、杨天社蛾；根据天气情况适时防治国槐蜘蛛，防止成灾发生。对于刺蛾类、尺蠖类，可以用除虫脲或其他菊酯类农药防治。

中、下旬注意防治国槐、银杏、丁香、白蜡和果树上的小木蠹蛾、天牛等蛀干害虫；喷、涂抹或注射菊酯类药物防治光肩星天牛、小木蠹蛾等初孵幼虫，也可用生物防治的方式，小木蠹蛾生物防治采用白僵菌或斯氏线虫注入虫孔内，以使幼虫体染病致死，光肩星天牛采用在幼虫期释放肿腿蜂寄生幼虫。

九月份

物候：

上旬小菊开花、中旬丰花月季第二次盛花、下旬银杏叶变黄。

养护内容：

①施肥。对一些生长较弱、枝条不够充实的树木，应追施一些磷、钾肥；对结果树和花灌木施基肥，这样有助于伤根愈合，提高土壤孔隙度，增强树木的越冬性。

②修剪。上旬继续做好中央分隔带中绿篱、色块、色带等植物的整形修剪工作。

③除草。清除人工草坪和地被中杂草，确保绿地整洁美观。

④浇水。根据天气情况适时地做好抗旱浇水工作，特别是新植树木、长势弱或对水敏感的树木，防止过早黄叶、落叶。

⑤草坪养护。本月是冷季型草坪最佳生长时期，管理工作以防治病害虫为主。在加强浇水、修剪的基础上，及时施肥和打孔。野牛草修剪浇水，可延长绿色期。

⑥树干涂白。对胸径 6cm 以上的落叶乔木进行树干涂白，涂白高度为 1.2m，确保“十一”前完成。

⑦病虫害防治。

上旬防治紫薇绒蚧、杨天社蛾、红蜘蛛，可用乐果 1∶20 倍液或 50 ~ 100 倍的 80% 的敌敌畏乳油注射、塞孔防治小木蠹蛾等蛀干害虫。

中旬防治第二代柳毒蛾、第四代槐尺蠖；重点防治侧柏、白皮松、油松等常绿树上的红蜘蛛和蚜虫，减少越冬虫源，可喷敌杀死、灭扫利等菊酯类农药 2000 ~ 3000 倍药液；注意防控草坪白粉病、灰霉病等病害，必要时喷洒西维因、托布津等杀菌剂。

下旬注重防控第三代美国白蛾，可喷施灭幼脲 1 号、3 号。

十月份

物候：

上旬：黄栌、柿树叶始变秋色，臭椿、白蜡落叶，野牛草始枯黄。

中旬：银杏、黄栌、元宝枫、地锦叶全部变色，金银木果成熟，月季末花。

下旬：紫薇、垂柳叶始变秋色，丁香、银杏、臭椿落叶。

养护内容：

①除草。对护坡、色带内的杂草及时拔除，对林下空间的杂草进行最后一次修剪，修剪高度尽量贴地，剪下的碎草要及时清理干净，消除火灾隐患。

②草坪养护。上旬冷季型草坪施秋肥，用量控制在 $20g/m^2$（氮磷钾复合肥），对延长绿色期、抗寒及翌年返青有利；下旬进行全年最后一次修剪，留草高度应适当提高，以利于草坪正常越冬，剪后的碎草要及时清运。

③病虫害防治。

上旬防治松蚜、柏蚜、棉蚜、月季长管蚜等蚜虫。

中旬防治花卉上的各种蚧壳虫、蚜虫、红蜘蛛等；在槐树附近挖槐尺蠖等害虫越冬的蛹，消灭过冬虫源。

下旬及时清理绿地内枯枝落叶，并集中销毁，消灭越冬病原菌。

十一月份

物候：

上旬：槭树类、珍珠梅全变秋色，垂柳始落叶，藤本月季末花。

中旬：银杏、洋槐、丁香、连翘落叶末，毛白杨叶枯。

下旬：毛白杨、槐、海棠落叶末。

养护内容：

①补植。落叶后开始补植，土壤冻结前完成，补植后要浇三遍水，然后封堰、培土并设支撑。

②绿地清理。清除杂草、枯枝、落叶等。

③苗木普查。对管养区域内树木的数量、成活率、位置进行普查记录。

④翻土。深翻土壤，暴露准备越冬的害虫，减少越冬虫源。

⑤浇水。下旬开始浇冻水，浇足浇透后封堰，确保树木安全过冬。

⑥防寒。对露地过冬困难的树木及新植的雪松、玉兰、石榴、紫薇、木槿、大叶黄杨等及时采取主干涂白、培土、缠干、包裹、搭风障等防寒措施，确保其安全过冬。

⑦草坪养护。本月草坪生长缓慢，逐渐进入休眠状态，部分草坪出现枯黄现象，草坪养护的主要工作是清除树木落叶，对新建植的草坪要充分保证水分供应。

⑧病虫害防治。采取捉（幼虫）、挖（蛹和茧）、刷（树干上卵、茧和虫体）、刮（树干或建筑物上的卵块）、剪（树枝上虫卵或树枝内虫体）、打（在种子内越冬的虫源）、清除（清理落叶或树干周围砖瓦石中的虫源）、处理（把剪伐下来带虫的枝干集中销毁）、树干涂白等多种方法，消灭越冬的植物病虫害。

⑨护林防火。彻底清理绿地内枯枝落叶等易燃物，消除火灾隐患。在常绿树和色带周边，用割灌机贴地割剪草坪、野草及干枯地被等易燃物，清理出 2m 以上宽度的防火带。

十二月份

物候：

植物进入休眠期。

养护内容：

①浇水。上、中旬完成冻水浇灌工作，而后将浇水管道泄水防冻。

②冬季修剪。开始进行树木的冬季整形修剪工作。去掉过密枝、重叠枝、病虫枝、枯死枝。对新植树木进行定干定型修剪。

③病虫害防治。防止植物腐烂病、轮纹病的发生，需要进行药物防治时喷百菌清、石硫合剂等。

④苗木普查。继续进行苗木普查工作，月内完成。

⑤护林防火。结合绿地保洁，加强防火巡视。

⑥机械设备维护。对各种机械进行维护保养，利用冬季对水井、水泵进行检修保养。

⑦进行全年工作总结，做好明年工作准备。

每月日常工作

①巡查。对养护区域的养护完成情况进行巡查，做到及时发现问题，及时整改。

②保洁。及时清理绿地内的各种石块、垃圾、枯枝落叶等。

③修剪。对伸出路沿、遮挡指示牌等影响交通的枝条进行及时修剪，做好死树、枯枝的伐除和修剪工作。

④日常记录。对进行的每项工作进行详细记录，包括时间、进展、完成情况等，做好内业文字和图片资料的整理，为制订和完善养护计划提供依据。

第二节　养护作业项目

1. 浇水

（1）技术要求

①夏季每天浇灌时间宜在上午 11 点之前或下午 15 点之后。

②浇水量参照标准：胸径 8 ~ 10cm 不低于 200kg/ 株、胸径 4 ~ 8cm 不低于 100kg/ 株、灌木不低于 50kg/ 株、花卉湿透 40cm 土壤、草坪湿透 20 ~ 25cm。

③新植树木应在连续 5 年内充足灌溉，土质保水力差或根系生长缓慢的树种，可适当延长灌水年限。

④用水车浇灌树木时，应接软管，进行缓流浇灌，保证一次浇足、浇透；严禁用高压水流冲毁树堰。

⑤喷灌时应开关定时，专人看管，以地面达到径流为止。

（2）浇水时间

①封冻水：一般在 11 月下旬至 12 月初进行，浇水后土壤结冻、放出潜热，可提高树木越冬能力，防止早春干旱。对于新植树木、越冬困难树种、幼年树木等，浇封冻水更为重要。见图 1-1。

②解冻水：早春 3 月初浇解冻水，不但有利于新梢和叶片的生长，并且有利于开花与坐果，同时还可促进树木健壮生长，是花繁果茂的关键措施之一。见图 1-2。

③花前浇水：以北京地区为例，该地区早春干旱、风多雨少，及时灌溉以补充土壤水分的不足，是促进树木萌芽、开花、新梢生长和提高坐果率的有效措施，同时还可防止春寒、晚霜的危害。花前水可在萌芽后结合花前追肥进行，具体时间要因地、因树种而异。

图 1-1　浇水（一）

图 1-2　浇水（二）

④花后浇水：多数树木一般在花谢后 2 周左右是新梢速生期，如果水分不足会抑制生长。以北京为例，春季多风，地面蒸发量大，适当浇水可保持土壤的湿度。在花谢 2 周左右浇水可促进新梢和叶片生长，增强树木光合作用的能力，提高坐果率和增大果实，同时对后期的花芽分化有良好作用。

⑤花芽分化期浇水：浇水主要针对观花、观果树木。早春和春夏间开花的树种，如海棠、榆叶梅、樱花、迎春、连翘、玉兰、紫藤、丁香等其花芽分化在前一年夏秋（6 ~ 8 月）进行；夏秋开花的树木，如木槿、槐、紫薇、珍珠梅等，其花芽分化在当年 3 ~ 5 月进行。见图 1-3。

图 1-3　浇水（三）

⑥适时补水：以北京为例，3 ~ 6 月、9 ~ 11 月是雨水较少的月份，每月至少浇水一次，10 月、11 月要适当控制浇水，防止树木徒长。浇水应根据当地气候特点、土壤保水、植物需水、根系等情况，适时适量进行浇水。浇水前应先检查土壤含水量，一般取根系分布最多的土层中的土壤，用手可捏成团，但指缝中不会渗出水，泥团落地能散碎，就可暂不浇水（杨树、柳树等较喜水的树木土壤含水量可适当多一些）。若叶子出现萎蔫脱水现象，要及时浇灌并对树身、树叶进行喷淋。

（3）浇水方法

①盘灌：以干基为圆心，在树冠投影以内的地面筑梗围堰，形似圆盘，乔木应以树干胸径 10 倍左右，树冠垂直投影的 1/2，盘深 15 ~ 30cm 为准。浇水前应先在盘内松土，便于水分渗透，待水渗完以后，封堰或松土保墒，如能覆盖则效果更好。

②沟灌（侧方灌溉）：成片成行栽植的树木，可每隔 100 ~ 150cm 开一条深 20 ~ 25cm 的长沟，在沟内浇水，慢慢向沟底和沟壁渗透，达到灌溉的目的。

③喷灌：适用于草坪、色带等成片绿化区域，此种方法可节约用水 20% 以上，节省了人力、物力，同时又克服了水浇不透及浇水量不均的问题。见图 1-4。

2. 排涝

以北京为例，该地区七、八月份雨水最多，适量的雨水有利植物的生长，但雨水过多会对植物造成危害。虽然不同的植物对于水分的要求不同，但大多数植物不耐水湿，一旦发现绿化区有区域性积水，就要及时组织养护人员进行排涝。

排涝措施：

①对养护区域的地形地貌有整体了解，对易发生积水区域的地形进行预防性整理。

图 1-4　喷灌

②平时准备好排涝工具物资，做到随用随取。

③发生积水时立即启动防汛预案，及时组织排涝工作。

④到达积水地点后，仔细观察地形地貌、原有排水沟渠、管道位置，确定最简单有效的排水方案。如疏通原有排水沟、水泵排水、开沟挖渠引水、打孔排水等。

⑤确定方案后立即组织实施，尽快将水排出，保证植物正常生长。绿地和树池内积水不得超过 24 小时，宿根花卉种植地积水不得超过 12 小时。

⑥排水后，应在天气转晴后对沟渠进行平整，对原有地被进行及时补植恢复。对积水区域进行改造，防止再次发生积水。

3. 整形修剪

充分考虑树木的生物学特性、生长势、树龄以及与生长环境的关系，对枝条进行短截或疏除，见图 1-5。

图 1-5　修剪

修剪前要对作业人员进行培训，使其了解树木的生长发育习性，掌握修剪的目的、方法和注意事项。修剪时，严禁吸烟、打闹、酒后作业，避免发生火灾、人员安全事故。个人使用修剪工具必须经过磨快、调整后方可参加操作，所用机械和车辆先检查无隐患后方可使用。修剪时，剪口要平，不要撕裂伤口。修剪后，所剪下的枝叶要及时清运。

（1）修剪时间

①树木可在休眠期和生长期进行修剪，但更新修剪必须在休眠期进行。

②有严重伤流和易流胶的树种，如五角枫、槭树类等，应避开生长季和落叶后伤流严重期修剪。

③抗寒性差的、易抽条的树种宜于早春进行，以免伤口受风寒之害。

④常绿树的修剪应避开生长旺盛期。

⑤绿篱、色块、黄杨球等的修剪在每年的 4 月底和 9 月底之前进行。

（2）修剪方法

①乔木修剪

a. 凡主轴明显的树种，修剪时应注意保护中央主枝，使其向上直立生长。原中央主枝受损、折断时，应利用顶端侧枝重新培养新的主枝。对保留的主、侧枝应在健壮芽上截短，可剪去枝条 1/5 ~ 1/3。

b. 主轴不明显的树种，应选择上部中心比较直立的枝条当作主枝，以尽早形成高大的树身和丰满的树冠，凡不利于以上目的的枝条，如竞争枝、并生枝、病虫枝等，要控制其生长。

c. 应逐年调整树干与树冠的合理比例。同种同龄的林地，分枝点高度应基本一致。位于林地边缘的树木分枝点可稍低于林内树木。

d. 自然生长的树冠只剪除病枝、枯枝及扰乱树型的枝条，对老枝、弱枝短剪。

e. 对树冠以下（植株分枝点以下）所发出的萌蘖也应及时剪除，使养分集中供应植株，改善生长发育状况。

f. 针叶树一般不修剪，只剪除病虫枝、枯死枝、生长衰弱枝、过密的轮生枝和下垂枝。

g. 银杏修剪只能疏枝，不准短截。对轮生枝可分阶段疏除。

h. 乔木修剪时，落叶树一般不留茬，针叶树应留 1 ~ 2cm 长的枝茬。大修剪的剪口必须平滑，不得劈裂，并注意留芽的方位。直径超过 4cm 以上的剪锯口，应用刀削平，并涂抹防腐剂防止病菌侵入。锯树枝时应先在枝条下方锯缺口，再由上方锯下。

②花灌木修剪（图 1-6）

a. 丛生灌木修剪应使丛生大枝均衡生长，树型内高外低，形成自然丰满的圆头形或半圆形树型；需要培养独立主干的灌木，应彻底并及时疏除从地表萌生的地蘖及下垂细弱枝。

图 1-6　花灌木修剪

b. 适当疏剪弱枝、病枯枝，强壮枝应适当进行短截。

c. 栽种多年的丛生灌木应逐年更新衰老枝，疏剪内膛密生枝，促发新枝。栽植多年的有主干的灌木，每年应采取交替回缩主枝控制树冠的剪法，防止树势上强下弱。但对一些为特殊需要培养成高干的大型灌木，或茎干生花的灌木（如紫荆等）均不在此列。

d. 对于生长于树冠外的徒长枝，应及时疏除或及早短截，促生二次枝，使灌丛保持整齐均衡，但一些具拱形枝的灌木（如连翘等），所萌生的长枝则例外。

e. 对于残花、残果，若无观赏价值或其他需要的应早剪除，以免消耗养分。

f. 对于成片栽植的灌木丛，修剪时应形成中间高四周低或前面低后面高的丛形。

g. 对于多种类、多品种栽植的灌木丛，修剪时应突出主栽种类和品种，并留出适当生长空间。

h. 对于造型的灌木修剪应保持外型轮廓清楚，外缘枝叶紧密。

注意事项

对于花开于当年新梢的种类，如：紫薇、木槿、珍珠梅、月季等，可在早春修剪，为控制植株高度，对于生长健壮枝条应保留 3 ~ 5 个。对于 1 年可数次开花灌木，如月季等，花落后应及时剪去残花，促使再次开花。

对于隔年生枝条开花的灌木，如：碧桃、榆叶梅、连翘、丁香、黄刺梅等，在休眠期应适当整形修剪，生长期花落后 10 ~ 15 天将已开花枝条进行中或重短截，疏剪过密枝，以利来年促生健壮枝条。

多年生枝条开花灌木，如：紫荆、贴梗海棠等，应注意培育和保护老枝，剪除干扰树型并影响通风透光的过密枝、弱枝、枯枝或病虫枝。参见图 1-6。

③绿篱、色带、中央分隔带修剪

a. 修剪应使绿篱及色带轮廓清晰，线条整齐，顶面平整，高度一致，侧面上下垂直或上窄下宽。至少每年“五一”、“十一”前各修剪 1 次。见图 1-7。

图 1-7　绿篱修剪

b. 绿篱及色带每次修剪高度较前一次修剪应提高 1cm。

c. 修剪后残留绿篱面的枝叶应及时清除干净。

d. 金叶女贞、红叶小檗需经常进行修剪，使其低于钢板护栏上顶面 10cm。

④藤本修剪

a. 修剪一般在植株秋季落叶后和春季发芽前进行。将病、老或过密枝剪掉，便于植株通风透光，形成优美的造型。为了整齐美观也可在任何季节随时修剪，但主要用于观花的种类，要在落花之后进行。

b. 吸附类藤本，应在生长期剪去未能吸附墙体而下垂的枝条，未完成覆盖的植物应短截，以便发生副梢；钩刺类藤本，可按灌木修剪方法疏枝，生长到一定程度，树势衰弱时，应进行回缩修剪强壮树势；生长于棚架的藤本，落叶后应疏剪过密枝条，清除枯死枝，使枝条均匀分布架面。

c. 成年和老年藤本应常疏枝，并适当进行回缩修剪。

d. 对不耐寒的种类，如葡萄等，入冬前剪除病弱衰老枝，均匀选留结果母枝，盘卷扎缚后埋于土中防寒。

e. 对于一些茎蔓粗壮的种类，如紫藤等，可以剪成直立灌木式。

⑤宿根花卉的修剪

在宿根花卉的生长期，结合病虫害防治及时剪除病虫叶片及枯死叶片。冬季至春季

发芽前，清除地上枯死部分。

⑥草坪修剪

修剪可使草坪平整、均匀，并使叶片加密，提高草坪质量，剪草还有控制杂草的作用。见图 1–8。剪草次数应根据不同的草种、不同的管理标准及不同的环境条件来确定。

图 1–8　草坪修剪

修剪时间及频率

a. 野牛草：全年剪 3 ~ 4 次，自 5 月至 9 月，最后一次修剪不晚于 9 月中旬。秋季应少剪，以利于形成良好的茎叶覆盖，贮存足够的营养物质顺利越冬和来年提早返青。

b. 结缕草：全年剪 2 ~ 10 次，自 5 月中至 9 月，高质量结缕草一周剪 1 次。

c. 冷季型草：以剪除部分叶面积不超过总叶面积的 1/3 确定修剪次数。粗放管理的草坪最少在抽穗前应剪 2 次，达到无穗状态，草坪高度不超过 15cm；精细管理的高质量冷季型草，草坪高度保持在 6 ~ 10cm。

注意事项

剪草前需彻底清除地表石块等坚硬物质；

检查剪草机各部位是否正常，刀片是否锋利；

剪草需在无露水的时间内进行；

剪下的草屑需及时彻底清除；

剪草时需一行压一行进行，不能遗漏；

对剪草机无法剪到的角落需用割灌机或人工补充修剪。

4. 施肥

（1）施肥时间与方式

①施基肥：在树木落叶后至发芽前进行，分为秋施和春施。基肥宜施迟效性的有机

肥，有机肥要充分发酵腐熟。也可结合施入部分速效性的化肥量，以增加树体积累，提高细胞液浓度，从而增强树木的越冬性。施肥量要根据树木大小、长势和肥料种类等因素具体而定。一般每次施肥量：乔木每株 100g、灌木每株 60g、绿篱 50g/m^2。

②施追肥：在生长期如花前、花后、花芽分化期进行，其中花后追肥最关键。追肥一般使用速效性的无机肥料。施肥一般不提倡仲夏以后进行，因为这时施肥容易使树木生长过旺，新梢木质化程度低，容易遭受低温和冬日晒伤的危害。

③叶面喷肥：喷洒时间一般在 11 点以前和 15 点以后，以傍晚效果最佳。喷洒在叶面、叶背都可，喷洒量以营养液开始从叶片大量滴下为准。

（2）施肥方法

①环状沟施肥：沿树冠投影地面的外缘（滴水线），挖宽 20 ~ 50cm（可根据树木的大小而定），深达密集根层附近的沟，将肥料均匀撒入沟内，然后盖上表土，此法是幼树施肥的常用方法。见图 1-9。

图 1-9　施肥

②放射状沟施肥：以根系为中心，从离干基 1/3 树冠处至滴水线附近，等距离间隔挖 2 ~ 8 条宽 30 ~ 60cm、深达根系密集层内浅外深、内窄外宽的辐射沟，施入肥料后填平。施肥时隔年或隔次更换施肥部位，以扩大施肥面积，促进根系吸收。成年树一般多采用此法。

③打孔施肥：用孔径 5cm 左右的螺旋钻打孔，深度视植物根系而定，施肥洞点均匀分布在植物根系分布区。打孔施肥能用肥料最好采用林业专用缓释肥料。其次可采用有机肥为主的混合肥料，适当配入少量的速效化肥，不能用大量易溶性化肥，否则会烧伤、烧死植物。打孔施肥主要用于冠下有草坪、地被的树木。高速公路护坡、中央分隔

带等不宜穴施的地方打孔施肥比较方便。

（3）注意事项

①土壤中施入肥料后应及时灌水。施肥时，工作人员应穿着、佩戴安全防护用具（眼镜、手套、工作服、口罩等）。

②施肥以阴天、小雨天为佳，不能在大雨天或高温天正午施肥，以避免肥料淋湿或树木灼伤。

5. 病虫害防治

防治植物病虫害应贯彻“预防为主，综合防治”的方针。

（1）物理防治

物理防治法是指利用一些器械或物理因素（光、热、电、风及放射能等）来防治病虫害的方法。

①捕杀法：直接利用人力或简单工具，在害虫局部发生时或处于群聚阶段时组织捕杀，简单易行。对于有假死性的甲虫，可以振动树体，使其坠地后捕杀；对于群居性的害虫，可结合修剪组织捕杀。还可用人工采摘害虫的卵块或蛹茧、剪除嫩枝幼干内害虫等方法捕杀。尽管该方法费工费时，但对小面积林地和少量树木很适用。

清理枯枝落叶：待树上叶片脱落以后，彻底清扫落叶、病果和杂草，集中深埋或清运，以消灭在其中越冬的病虫。结合冬剪，剪除树上病枝（腐烂病、轮纹病、干腐病及其他原因致死的枯枝）和虫枝。

刮树皮：山楂叶螨、二斑叶螨、卷叶蛾等害虫大多在粗皮、翘皮及裂缝处越冬，若能细致周到地刮净粗皮、翘皮，可以杀死 50％～90％的越冬害虫。但在刮皮的同时要注意保护天敌，不少天敌在粗皮、切皮内越冬，特别是靠近地面主干上的翘皮内天敌数量要多于其他部位，因此可采取“上刮下不刮”的办法。或者改冬天刮为早春刮，将刮下的树皮放在粗纱网内，待天敌出蛰后，再将树皮销毁。

深翻：封冻前将树冠下土壤深翻 20～30cm，既可熟化土壤，又可消灭在土壤中越冬的害虫，如桃蛀果蛾、山楂叶螨、二斑叶螨等。深翻时一定要将下层土翻至上层，效果才好。

②诱杀法：利用害虫自身特殊的生物学特性来诱杀。

a. 灯光诱杀：利用一些害虫的成虫对灯光的趋光性，在晚间设置黑光灯或高压灭虫灯诱杀成虫。黑光灯是一种能辐射出 360nm 紫外线的低气压汞气灯，其电源为交流电或 6～12V 的蓄电池、干电池。一般 20～30W 的黑光灯，每盏灯诱虫面积为 8000m^2 左右，灯距地面 1 ~ 1.5m 为宜。在离灯 5cm 的下方，设大的水盆，若林地附近有水源，设灯处可挖坑引水。盆内、坑内加一些柴油或煤油，害虫扑灯后，容易跌入水中淹死。根据害虫生物学特性和天气情况安装利用，通常在无风、无月、闷热天气诱集效果最好。夜晚以 19：00 ~ 21：00 诱集量最大。

b. 食物诱杀：利用害虫喜食某种食物的习性来诱杀害虫的方法。如用糖 6 份、酒 1 份、醋 2 ~ 3 份、水 10 份，加适量敌百虫制成糖醋液，可诱杀地老虎成虫；在树木周围种蓖麻，可使金龟子误食后麻醉，便于集中捕杀。许多蛀干害虫，如天牛、小蠹虫、象甲等，喜欢在新伐倒木上产卵繁殖，因此，在成虫产卵前将无价值的立木伐倒置于林中，使害虫产卵寄居；待新一代幼虫全部孵出后，将树皮剥去，就地烧毁。设置饵木时，事先伐去已被害虫寄生的立木和生长极其衰弱的立木效果则最好。

c. 潜所诱杀：利用害虫在某一时期喜好某一特殊环境的习性，人工设置类似的环境来诱杀害虫。如梨小食心虫、苹果小食心虫、松毛虫幼虫等喜欢潜藏在粗树皮裂缝中越冬，因此在它们越冬前，可在树干上束草或包扎麻片，诱集它们进来越冬并集中消灭。根茎周围堆集石块，在白天，舞毒蛾及一种斑蛾幼虫就聚集于石块下，便于扑杀。

③隔离法：利用害虫的特殊活动习性，设置障碍物，阻止害虫扩散为害，或直接消灭。如树干刷白、涂胶，可以阻止一些果树害虫下树越冬，或上树为害，或阻止其产卵。如：我国北方利用松毛虫下树越冬习性，在松毛虫春季上树前在树干上扎上塑料带，可阻止越冬幼虫上树，减轻其危害。

树干涂白可减少日灼和冻害，延迟萌芽和开花期，并可兼治树干病虫害。涂白时间以一年两次为好，第一次在早春，第二次在落叶后至封冻前，公路两侧行道树通常选在“五一”“十一”前完成涂白。涂白高度 1 ~ 1.5m 均可，有条件的可涂高一点。同一路段、区域的涂干高度应保持一致，以达到整齐美观的效果。见图 1-10。

图 1-10　树干涂白

涂白配方一：按生石灰 10 份、硫酸铜 0.5 份、水 25 份的比例进行配制。先用适量热水将硫酸铜溶解，然后加水稀释；再将生石灰加水化开，调成乳状，去掉石块，随后将稀释硫酸铜倒入石灰乳中，充分搅拌即可使用。还可加入比例为 0.1 ～ 0.2 的残留时间长的农药。

涂白配方二：按生石灰 8 份、硫磺粉 1 份、动物油 0.1 份、食盐 1 份、热水 18 份的比例进行配制。先用 9 份热水将生石灰、食盐化开，混合均匀，然后加入硫磺粉和动物油，搅匀即成。还可加入比例为 0.1 ～ 0.2 的残留时间长的农药。

涂白注意事项

a. 使用的容器要用缸、木桶或塑料桶，切忌用金属容器，以防发生化学反应，降低效果。

b. 翘、裂、厚的老树皮，最好先将老树皮刮掉，并集中进行销毁，消灭病虫源，然后再涂白，这样效果更好。

c. 涂白剂要随用随配，使用时将溶液搅拌得稀稠均匀，以涂在树干上不向下流又不粘成疙瘩，能薄薄地粘上一层为宜。

d. 通常涂白剂需外加少许粘着剂，以便延长涂白期限。

（2）化学防治

化学防治是控制病虫害发生和消灭虫源的主要措施。在搞好预测、预报的前提下，正确使用农药适时进行防治，一般可取得良好的防治效果。国内常用的杀虫剂有灭幼脲、马拉松、乐果、杀螟松、辛硫磷、溴氰菊酯等；杀菌剂有百菌清、多菌灵、托布津、西维因、波尔多、石硫合剂、代森锌等。主要施药方法有喷雾、喷粉、熏蒸、拌种、放烟等，在生产中还开发了在树干上用毒笔涂环，捆扎毒绳或药纸带，往蛀孔中插毒签或塞药片，注射药液，撒毒土或毒饵等简便易行的施药方法。见图 1-11。

图 1-11 喷药防治

使用农药时要求做到：

①对症下药：各种药剂都有其一定防治范围和对象，因此在决定施药前，要弄清防治对象的性质，选择适宜的药剂，切实做到对症下药。

②适时用药：在预测预报、巡视发现和调查研究的基础上，治早治小，才能达到理想效果。害虫幼龄时抗药力弱，一般应在冬季消灭越冬病原和在生长季节孢子萌发阶段喷药防治。

③严格掌握用药量：超量用药浪费、产生药害甚至发生人畜中毒事故。用量低，达不到防治效果。应该根据药品说明和病虫的危害程度合理控制用药量。

④合理混用农药、交替用药：长期使用一种农药防治一种害虫或病害，易使害虫或病菌产生抗药性，要经常交替使用几种不同类型的农药，或将 2 种或 2 种以上对害虫或病菌具有不同作用机制的农药混合使用。

⑤安全用药：注意个人安全防护，喷药前先在手、足上抹层防护膏，穿戴橡皮手套、长袖衣、裤、靴子、口罩、帽子及风镜。

大量采用化学药剂防治病虫害，会产生抗药性、害虫再猖獗和农药残留。许多害虫对化学农药产生了几十倍甚至成百上千倍的抗药性，一些主要害虫的数量急剧下降后又突然回升造成更大的危害，次要害虫在天敌被杀死后突然暴发成灾。农药不但殃及非防治目标物种，如天敌、传粉昆虫和野生动物等，而且严重污染土壤、水域、大气，反过来又造成新的害虫危机。因此，确需用药时应该尽可能地选用具有选择性、低毒、对环境污染小的药剂，少用或不用广谱性的化学农药。

（3）生物防治

利用害虫的天敌和病原菌来防治害虫和病害的方法，称为生物防治法。即“以虫治虫，以菌治菌”，以及其他有益动物治虫。利用有益生物防治病虫害，具有节省能源、防治成本较低、不污染环境、可以持久发挥控制效果等优点。

①微生物制剂：微生物杀虫剂主要有白僵菌、苏云金杆菌、昆虫病毒等。用白僵菌防治松毛虫；用青虫菌 6 号液防治马尾松虫；将春尺蠖多角体病毒、马尾松毛虫质型多角体病毒、舞毒蛾核型多角体病毒分别用于防治春尺蠖、马尾松毛虫和舞毒蛾；利用枝顶孢霉防治杨干象；用泰山 1 号线虫防治杨树天牛；用苏云金杆菌和多角体病毒防治舞毒蛾、松尺蠖、松毛虫等食叶害虫；球孢白僵菌用于防治小蠹虫；用白粉寄生菌可控制白粉病、锈菌寄生菌可控制锈病的发展；利用大隔孢伏革菌防治松树银白腐病等。由于病毒制剂见效慢，加入少量化学农药，可加速害虫死亡，以提高防治效果。

②天敌昆虫：我国应用较多的寄生性天敌昆虫有赤眼蜂、肿腿蜂、姬小蜂、蚜小蜂

和天牛蛀姬蜂等，捕食性天敌昆虫有蒙古光瓢虫、异色瓢虫和蜻等。用赤眼蜂防治松毛虫。生产实践证明，在一定范围内人工释放赤眼蜂是低虫口密度条件下控制松毛虫的好方法；利用蒙古光瓢虫防治松干蚧；利用周氏啮小蜂防治美国白蛾。除人工释放外，在生产中应注意保护人工林的生态环境，为天敌的繁殖创造条件，从而提高自然界各种天敌昆虫对害虫的控制作用。

③益鸟：在杨树人工林中利用挂人工鸟巢的方式招引大山雀、啄木鸟和灰喜鹊等益鸟，可以明显降低食叶害虫和蛀干害虫的密度。据观察，一对啄木鸟可控制 20 ~ 30km^2 杨树林中的光肩星天牛。猫头鹰对林鼠也有明显的控制作用。

（4）综合防治

综合防治是对有害生物进行科学管理的体系，其基本点是从植物系统和城市林业生态系的总体观点出发，以预防为主，充分利用自然界抑制病虫的因素和创造不利病虫发生的条件，有机地使用各种必要的预防措施，安全、经济、有效、简易地把病、虫、草控制在经济损失允许的水平以下，同时把可能产生的有害副作用减少到最低限度，以获得最佳的经济效益、生态效益和社会效益。见表 1-2 ~表 1-4。

综合防治要求做到：有虫无害，自然调控；生物多样性，相互制约；人为介入，以生物因素为主，无碍生态环境，免受病虫危害。

科学、有针对性地进行养护管理，使植株生长健壮，提高植物的抗逆能力。病虫的发生和危害在相当程度上与植物的生长势相关。对生长势差的植物应及时施肥、浇水、松土锄草，提高植物自身的抗病虫能力，并结合秋冬季修剪，除去染病虫枝条。这样不但可以调节植物养分，还可以减少病虫来源，通风透光增强树势，营造不利于病虫害越冬、繁衍、为害的环境条件。

表1-2　病虫害防治月历

月份		重点防治对象	
		病害	虫害
11月～翌年2月		腐烂病、枝干轮纹病	金纹细蛾、叶螨、蚧壳虫、草履蚧幼虫
3月			草履蚧、红蜘蛛、蚜虫、双条杉天牛、柏肤小蠹
4月	上旬		防治毛白杨、国槐桑白蚧及草履蚧，兼治乔木及花灌木越冬红蜘蛛和蚜虫
	中旬		防治柳毒蛾、天幕毛虫、杨尺蠖、桑刺尺蠖等幼虫；预防松柏、山楂红蜘蛛和朱砂叶螨等
	下旬	杨、柳、海棠等腐烂病和锈病	侧柏或桧柏注意防治双条杉天牛、柏肤小蠹

续上表

月份		重点防治对象	
		病害	虫害
5月	上旬	防治桧柏、苹果、海棠、毛白杨等树锈病	防治第一代槐尺蠖、越冬代柳毒蛾、油松毛虫、木蠹蛾、天牛等
	中旬		国槐潜叶蛾、元宝枫细蛾
	下旬	月季黑斑病、冷季型草坪褐斑病和锈病	松梢螟和松梢小卷蛾
6月	上旬		第一代美国白蛾、黄杨绢野螟、松梢螟、蚜虫、斑衣蜡蝉
	中旬		柳毒蛾、美国白蛾成虫，考氏白盾蚧、紫薇绒蚧等害虫若虫，天牛成虫、红蜘蛛
	下旬	冷季型草坪病害	第二代槐尺蠖、元宝枫细蛾、槐叶柄小蛾
7月、8月		合欢枯萎病，月季白粉病、黑斑病，大叶黄杨白粉病，紫薇煤污病，草坪病害	1、食叶害虫：刺蛾、毒蛾、尺蛾、潜叶蛾、第二代美国白蛾。2、刺吸类害虫：蚜虫、蚧壳虫、螨类。3、蛀干害虫：天牛成虫，松梢螟，沟眶象。
9月		草坪病害：草坪锈病、白粉病、灰霉病等	1、草地害虫：草地螟、蝼蛄。2、食叶害虫：毒蛾、尺蠖、第三代美国白蛾。3、刺吸类害虫：螨类、蚧壳虫、蚜虫。4、蛀干害虫：小木蠹蛾
10月			1、草地害虫：草地螟、蝼蛄、蚯蚓等。2、刺吸类害虫：螨类、蚧壳虫、蚜虫等
备注：具体防治方法见第5章“病虫害防治”。			

表1-3　常见病虫害危害树种及部位

序号	名称	类型	主要危害部位	危害的植物
1	美国白蛾	食叶	叶片	火炬树、杨、柳、地锦等300多种植物
2	尺蠖	食叶	叶片	国槐、侧柏、柿子、杨、柳
3	黄刺蛾	食叶	叶片	刺槐、樱花、石榴、月季、悬铃木
4	毒蛾	食叶	叶片	杨、柳、柏、松、柿子、月季、海棠、蔷薇
5	天幕毛虫	食叶	叶片	杨、柳、落叶松、桃、海棠、樱桃
6	蝗虫	食叶	叶片	草坪、花卉
7	蟋蟀	食叶	叶片	大小球根花卉、幼苗
8	蚜虫	刺吸	叶片	木槿、石榴、宿根花卉、紫叶李、紫荆
9	红蜘蛛	刺吸	叶片	加拿大杨、柳、柏、松、蔷薇、女贞
10	蝉	刺吸	枝干	玉兰、海棠、樱花、碧桃、葡萄、槐、杨、柳
11	蚧壳虫	刺吸	枝干	悬铃木、雪松、紫叶李、腊梅、紫薇、紫藤、月季、海棠

续上表

序号	名称	类型	主要危害部位	危害的植物
12	斑衣蜡蝉	刺吸	枝干	臭椿、月季、地锦、珍珠梅、刺槐
13	天牛	蛀干	枝干	栾树、杨、柳、槐、悬铃木、樱花、合欢、海棠、紫薇
14	蛴螬	食根	根系	花卉幼苗、嫩茎
15	地老虎	食根	根系	松、杉、草坪
16	蝼蛄	食根	根系	杨、柳、松、柏、海棠、悬铃木等幼苗
17	白粉病	侵染	叶片	紫玉兰、大叶黄杨、黄栌、紫薇、月季
18	炭疽病	非侵染	叶片	玉簪、石榴、玉兰、常春藤、大叶黄杨、紫荆、芍药、丝兰
19	灰霉病	侵染	叶片、枝干	月季、牡丹、芍药、迎春
20	叶斑病	非侵染	叶片	杨、柳、松、银杏、樱花、月季、凌霄、地锦
21	腐烂病	非侵染	枝干	杨、柳、国槐、龙爪槐、海棠、石榴
22	溃疡病	侵染	枝干	杨
23	锈病	侵染	叶片	柏、海棠、杨、桃、早熟禾
24	丛枝病	侵染	枝干	泡桐、枣树

表1-4 常见农药混用表

序号	类别	名称	毒性	混用表												
1	杀虫剂	灭幼脲	低毒													灭幼脲
2		马拉松	低毒	–												马拉松
3		乐果	中毒	–	√											乐果
4		杀螟松	中毒	–	√	√										杀螟松
5		辛硫磷	低毒	–	√	√	√									辛硫磷
6		溴氰菊酯	中毒	–	–	–	–	–							√为可以混用；×为不可混用；–为不宜混用	溴氰菊酯
7	杀菌剂	西维因	中毒	–	√	√	√	√	–							西维因
8		波尔多	低毒	×	×	×	×	×	×	×						波尔多
9		石硫合剂	低毒	×	×	×	×	×	×	×	×					石硫合剂
10		托布津	低毒	–	√	√	√	√	–	√	×	×				托布津
11		代森锌	低毒	–	√	√	√	√	–	√	×	×	√			代森锌
12		多菌灵	低毒	–	√	√	√	√	–	√	×	×	√	√		多菌灵

6. 防寒

不同的树种耐寒性有很大差异，对不耐寒的树种和树势较弱及新补植的植株，应分别采取不同措施进行防寒。在北京地区栽植 1 ~ 3 年内需要采取防寒措施的树种有：雪松、玉兰、樱花、青桐、凌霄、红叶李、迎春等。需要每年保护越冬的有：大叶黄杨、葡萄、月季。对紫薇、木槿等抗寒性一般的树种采取防寒措施，可以保护树体，减少枝条受冻害、霜害、病虫危害的几率。

（1）防寒措施

①浇封冻水：保证植物安全越冬和来年萌芽。合理的冬灌既能保证植物地上部分吸收充足的水分，又能保护地下根系抵抗干燥多风的冬季，延长来年开花植物的花期。一般地温高于 5℃时，植物根系吸收水分，低于 5℃植物根系不能吸水。所以，要在地温低于 5℃前浇一次透水。当地温低于 0℃时，土壤会因含水而结冰，这时也要浇一次水以保持根系不被风抽干。当温度更低时，根部冻水可放出潜热，提高温度。详见本章第二节浇水中封冻水的技术要求。

②搭风障：用苇席、绿色无纺布在苗木迎风面搭建风障，可以提高 3℃ ~ 5℃。风障用木棍固定，比苗木稍高，距苗木 30 ~ 40cm。对于雪松等不耐寒、不耐旱、抗风能力差的苗木，在新植 3 年内，也可以使用此法，为苗木营造一个背风向阳的环境，保证其安全越冬。

③建保温棚：大叶黄杨在气温低于零下 18℃时即受冻害。如果大叶黄杨为色带造型，面积较大时，采取一般防寒措施效果不理想。这时可根据其面积大小，用竹、木杆和绿色无纺布，搭成保温棚，即可使苗木能安全越冬。注意保温棚要适当设置气孔，以免棚内温度过高，苗木过度蒸腾干旱而死。对于孤植的大叶黄杨球，可用绿色无纺布包裹防寒。见图 1-12。

图 1-12　保温棚

④树干涂白：对于杨、柳、槐等落叶乔木，可以采用树干涂白防冻的办法，树干涂白时四周都要涂均匀，高度一般为 1 ~ 1.5m。

⑤其他措施：如培土、盖地膜、覆土、封垄、缠草绳、喷洒抗蒸腾剂等。

a. 培土、盖地膜、覆土、封垄：对月季等株形低矮的花灌木，单株栽植时，浇完冻水后在根茎培 20 ~ 30cm 厚的土堆；成片栽植时在浇完冻水后平茬修剪，然后覆盖 20 ~ 30cm 厚的细土成馒头状，轻轻拍实；成行栽植时灌足冻水后全部用细土封垄、培实。对抗寒较差的红枫浇过冻水后盖地膜，进行防寒，还能起到保墒作用。

b. 缠草绳或无纺布。对耐寒性差，且树皮较薄的树种，在新植 3 年内可采用绕草绳或无纺布等进行防寒，见图 1-13。

图 1-13　缠树干

c. 喷洒抗蒸腾剂。对紫薇、木槿、大叶黄杨等易发生春季梢条的树种，宜于上年初冬和当年早春适量喷洒高酯膜等抗蒸腾剂。

（2）撤除防寒物

春季撤除防寒设施时，切忌过早和突然完全撤除。要采取先拆上部透光，间隔数日再拆四周的办法，防止苗木受晚霜的危害。为了防止病虫害繁殖在树干上，应在春季将缠绕的草绳及时拆除。将包裹物、保温棚等适时拆除，使植物充分吸收阳光进行光合作用。见图 1-14。

图 1-14　撤除防寒物

7. 除草

（1）除草目的

植物基部附近长出的杂草会与植物争夺水分和养分，妨碍植物的正常生长，如不及时处理，会导致正常绿化植株生存空间减少甚至死亡。同时，杂草还可能传播多种病虫害，如螟虫、叶蝉、白粉病、霜霉病等，所以应采取除草措施。

（2）除草方式

①中耕除草：在植物生长季节进行中耕除草，既可以除掉杂草，又可以疏松土壤，增强土壤肥力。

②人工拔草：在杂草结籽前应及时将其连根除掉。这种方式除草要除小、除早、除彻底。在高速公路绿化养护中，主要适用于边坡、绿篱、色带、花池、地被植物中的杂草清理。

③机械除草（剪草）：为了不让杂草开花结籽，可利用割灌机等切除杂草茎叶花、果穗，使杂草株高整齐美观。一般修剪杂草须保证杂草高度在 15cm 以下，剪下杂草要集中处理，及时运走堆制肥料。这种方法适用于桥区、平台、中央分隔带等空地或乔木林下空间杂草的管理。

④药剂除草：在绿地内采用化学药剂（除草剂）除草时，必须慎重，应先试验再应用。

8. 补植

（1）补植时间

应根据树木的习性和当地的气候条件，选择最适宜的种植时机进行补植。一般树木在早春和晚秋进行补植。非种植季节补植要采取一些技术措施，以保证成活率。

（2）补植质量要求

①补植应按设计图纸要求核对苗木品种、规格及种植位置，要求做到与原栽植树品种一致、规格相当、位置准确，尽可能恢复原设计的景观效果。见图 1-15。

②规则式种植应保持相邻植株规格合理搭配，高度、干径、树形近似，种植的树木应保持直立，不得倾斜，应注意观赏面的合理朝向。

③补植绿篱、色带的株行距应均匀。绿篱补植时，树形丰满的一面应向外。苗木大小选择应与原绿篱色带相近。

④种植带土球树木时，不易腐烂的包装物必须拆除。

⑤珍贵树种应采取树冠喷雾、树干保湿和树根喷生根激素等措施。

⑥种植时，根系必须舒展，填土应分层踏实，种植深度应与原种植线一致。

图 1-15　补植

（3）补植步骤

①树木置入种植穴前，应先检查栽植坑大小及深度；若不符合根系要求时，应修整种植穴。

②种植裸根树木时，应将种植穴底填土呈半圆土堆，置入树木填土至 1/3 时，应轻提树干使根系舒展，并充分接触土壤，随填土分层踏实。

③种植带土球树木时，必须踏实穴底土层，而后置入种植穴，填土夯实，填夯时不要将土球破坏。

④绿篱色块组群植时，应由中心向外顺序退植。坡式种植时，应由上向下种植。大型色块不同色彩丛植时，宜分区分块种植。

⑤种植后应在略大于栽植坑直径的周围，筑成高 10 ~ 15cm 的灌水土堰，土堰应筑实不得漏水。坡地可采用鱼鳞穴式种植。

⑥浇水：新植树木应在当日浇透第一遍水，以后应根据当地情况及时补水。北京地区种植后浇水不少于三遍；黏性土壤，宜适量浇水；根系不发达树种，浇水量宜多；肉质根系树种，浇水量宜少；秋季种植的树木，浇足水后可封穴越冬；遇干旱天气时，应增加浇水次数；干热季节，应对新发芽放叶的树冠喷雾，宜在上午 11 时前和下午 15 时后进行，浇水时应防止因水流过急冲刷裸露根系或冲毁围堰，造成跑漏水。浇水后出现土壤沉陷，致使树木倾斜时，应及时扶正、培土。见图 1-16。

⑦浇水渗下后，应及时用围堰土封树穴。再筑堰时，不得损伤根系。种植胸径 5cm 以上的乔木时，应设支柱固定。支柱应牢固，绑扎树木处应夹垫物，绑扎后的树干应保持直立。攀缘植物种植后，应根据植物生长需要，进行绑扎及牵引。

图 1–16　新植树木浇水

（4）落叶乔木非种植季节种植

①必须提前对苗木采取疏枝、环状断根或在适宜季节起苗、用容器假植等处理。

②应对苗木进行强修剪，剪除部分侧枝，保留的侧枝也应疏剪或短截，并应保留原树冠的三分之一，同时必须加大土球体积。

③对于可摘叶的苗木应摘去部分叶片，但不得伤害幼芽。

④夏季可搭遮荫棚、树冠喷雾、树干保湿，保持空气湿润；冬季应防风防寒。

⑤干旱季节，种植贵重树木应采取根部喷生根激素、增加浇水次数等措施。

⑥对排水不良的种植穴，可在穴底铺 10 ~ 15cm 砂砾或铺设渗水管、盲沟，以利排水。

⑦提高补植成活率的措施：增大种植坑规格，对不适宜苗木生长的土壤进行更换，施用保水营养土，栽后及时灌水，浇足浇透，有必要时覆盖地膜。

（5）大树移植

移植胸径在 10cm 以上的落叶乔木和高度在 5m 以上的常绿乔木，应属大树移植。见图 1–17。

图 1–17　大树移植

①大树移植前应对移植的大树生长情况、立地条件、周围环境、交通状况等进行调查研究，制订移植的技术方案。有条件的地区，可采用机械移植作业。

②当要移植大树时，移植时间宜一年前确定，移植前应分期断根，修剪，做好移植准备。

③移植时对树木应标明主要观赏面和树木阴、阳面。

④一般地区大树移植时，必须按树木胸径的 6 ~ 8 倍挖掘土球或方形土台装箱。

⑤吊装和运输大树的机具必须具备承载能力。移植大树在装运过程中，应将树冠捆拢，并应固定树干，防止损伤树皮，不得损坏土球（土台）。操作中应注意安全。

⑥大树移植卸车时，应将主要观赏面安排适当，土球（箱）应直接吊放种植穴内，拆除包装，分层填土夯实。

⑦大树移植后，两年内应配备专职技术人员做好修剪、剥芽、喷雾、叶面施肥、浇水、排水、设置风障、包裹树干和病虫害防治等一系列养护管理工作，在确认大树成活后，方可进入正常养护管理。

⑧大树移植应建立技术档案，其内容应包括：实施方案、施工和竣工记录、图纸、照片或录像资料等。记录表内容应符合表 1-5 的规定。

表1-5　大树移植记录表

原栽地点	移植地点	树种	规格年龄（年）	移植日期	参加施工（人员）	施工技术负责人
技术措施						

年　月　日　　填表

（6）草坪补播补植

对因破坏、整地不平形成的积水、病虫害或其他原因引起死亡的草坪草，应及时补播补植，使草坪保持完整，无裸露地面。

①草坪播种技术要求

a. 冷季型草播种宜在秋季进行，也可在春、夏季进行。

b. 选择与原草坪草种相同、配比相同种类的种籽，不得含有杂质，播种前应做发芽试验和催芽处理，确定合理的播种量。

c. 播种时应先浇水浸地，保持土壤湿润，稍干后将表层土耙细耙平，进行撒播，均匀覆土（厚为 0.3 ~ 0.5cm）后轻压，然后喷水。

d. 播种后应及时喷水，水点宜细密均匀，浸透土层厚为 8 ~ 10cm，除降雨天气，喷水不得间断。亦可用草帘覆盖以保持湿度，至发芽时撤除。

e. 应根据生态组合、气候条件和设计确定草坪植物的种类和草种比例。

f. 单行混播应按确定比例混播在一行内，隔行混播应将主要草种播在一行内，另一草种播在另一行内。混合撒播应将草种拌和均匀。

②草坪补植技术要求

a. 种植应将草带根掘起，除去杂草后 5 ~ 7 株分为一束，按株距 10 ~ 15cm，呈品字形种植于深 6 ~ 7cm 穴内，再踏实浇水。

b. 野牛草等可茎枝繁殖，宜取茎枝或匍匐茎的 3 ~ 5 个节间，穴深应为 6 ~ 7cm，埋入 3 ~ 5 枝，其露出地面宜为 3cm，并踏实、灌水。

③铺设草块技术要求

a. 铺砌草块或草卷在北京地区宜在春、夏、秋季进行。

b. 购买草坪时，应选择无杂草、生长势好的草源。干旱地掘草块前应适量浇水，待渗透后掘取。

c. 草块或草卷运输、装卸车时，应防止破碎。

d. 铺设前应将土壤翻松整平，去除草根和杂物。

e. 铺设草块或草卷应互相衔接不留缝，草块铺设后应滚压、灌水。

（7）花卉补植

①补植

a. 花卉用苗应选用经过 1 ~ 2 次移植，根系发育良好的植株。

b. 裸根苗，应随起苗随种植。

c. 带土球苗，起苗、运苗、栽植，要保持土球完整不散。

d. 盆育花苗去盆时，应保持盆土不散。

e. 起苗后种植前，花苗不能及时栽植时，应置于荫处或采取搭荫棚、喷水等保鲜措施。

f. 各类花卉种植时，在阴雨天气、春秋季节、最高气温 25℃以下时，可全天种植；当气温高于 25℃时，应避开中午高温时间，栽植后及时浇水。

②注意事项

a. 高矮不同品种的花苗混植时，应按先矮后高的顺序种植。

b. 宿根花卉与一、二年生花卉混植时，应先种植宿根花卉，后种植一、二年生花卉。

c. 种植花苗的株行距应由植株高低、分蘖多少、冠丛大小决定，以成苗后不露出地面为宜。

d. 花苗种植时，种植深度宜为原种植深度，不得损伤茎叶，并保持根系完整。球茎花卉种植深度宜为球茎的 1 ～ 2 倍。块根、块茎、根茎类可覆土 3cm。

e. 花卉种植后，应及时浇水，并应保持植株清洁。

9. 护林防火

①针对桥区特点加强对作业人员的培训，组织巡视人员每日对桥区进行巡查，从而及时发现和消除火灾隐患，防止火灾事故的发生。

②作业人员需及时清理桥区绿地内的枯枝、落叶、杂草及各种易燃物，消灭火源。

③打防火道：秋末入冬前，在草坪与常绿树及色带周围清理出一道 2m 宽的防火道。并将落叶乔木树盘内的杂草及时清除。

④冬季防火期，巡视车辆配备几个灭火器，发现火情及时扑灭。春节前后，烟花燃放时，加强巡视，监控可能发生的火情，减少火灾的发生。

⑤火灾：火灾发生时应采取有效措施进行处理，首先切断桥区内除水井以外的电源，疏散公路上围观的群众。同时迅速拨打 110、119 报警，并派人引导消防力量进入火灾现场，全力配合做好火灾的救护工作。大火扑灭后要做好火灾现场的保护工作，采取各种措施减少火灾对环境的污染，并积极主动配合公安消防部门进行火灾原因的调查和处理工作。根据公安消防部门做出的火灾原因调查报告，配合做好火灾事故的后期处理工作。

火灾过后应清理掉受灾绿地的死树枯枝及灰烬。对受害绿地内被烧毁的苗木进行补植，恢复绿地景观效果。

10. 绿地保洁

每天进行巡视，大风天气过后加强巡视力度。要有专人捡拾垃圾，及时清除枯枝落叶。

第二章　不同区域绿化养护

高速公路车流量大、车速快，空间多样性、景观多样性高。一般高速公路绿化养护分为中央分隔带、边坡、服务区、桥区、平台、岩体边坡等不同区域。由于各个区域水分、土壤、植被、景观要求不同，因此进行养护作业也有很多不同之处。高速公路横断面示意见图 2-1，高速公路平面图见图 2-2。

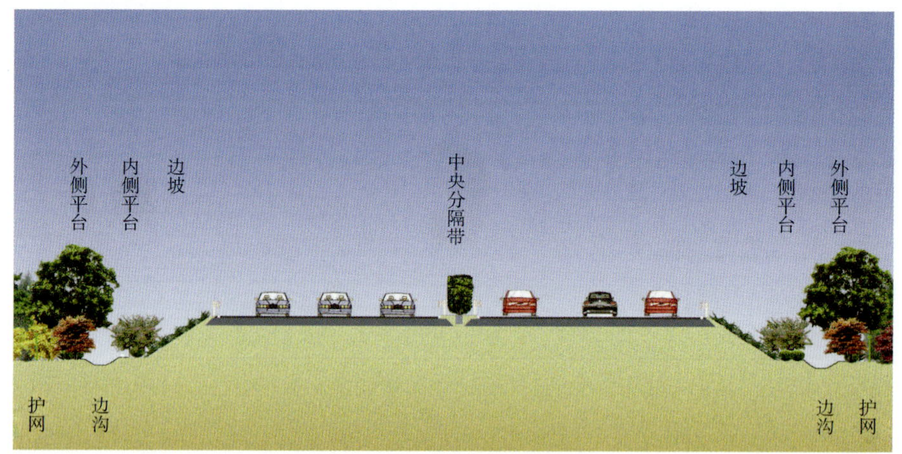

图 2-1　高速公路横断面图

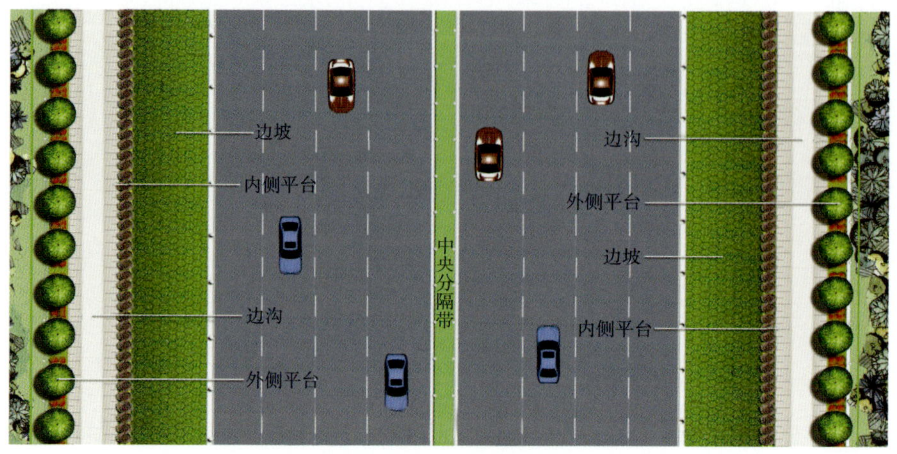

图 2-2　高速公路平面图

第一节　中央分隔带绿化养护

【功能介绍】设置中央分隔带的目的是遮光防眩、引导视线、美化环境、降低噪声、分隔车道，通过绿化给广大驾乘人员创造安全、明快、舒适又富有节奏感的行车环境。中央分隔带土壤一般较差，碱性强、易板结、易干旱、容易受汽车尾气和风寒等影响，再加上在道路中央作业需要在不影响交通的情况下占路进行，进行养护工作有一定的特殊性和难度。

【种植形式】目前北京高速公路中央分隔带有连续栽植和等间距组团栽植两种形式。

【作业要求】保证树木生长正常，修剪及时合理，整齐一致，无缺株死株现象；提高作业效率，减少占道作业时间。通过利用多水车同时浇水、绿篱修剪、浇水、割草组合作业等方式，有效利用占道空间和时间，尽可能地减少对交通通行的影响。

【注意事项】占道作业安全管理是重点，作业前应到交通管理部门办理占道作业的相关手续；

除雪时避免将含有融雪剂的积雪堆放在中央分隔带内，以减少融雪剂对植物的伤害。

【植物种类】北京高速公路中央分隔带的植物种类有桧柏、木槿、紫叶小檗、金叶女贞、红瑞木、野生杂草等。

1. 桧柏

桧柏又名圆柏、刺柏，属常绿乔木，性喜光、耐荫，对土壤选择不严，要求深厚、肥沃、稍湿而排水良好的土质，属于深根性长寿树种。

①修剪：桧柏生长缓慢，“五一”前、“十一”前各修剪 1 次，一般剪成水平状。修剪应使绿篱轮廓清晰，线面整齐，高度一致，顶面平整。绿篱每次修剪高度较前一次修剪应提高 1cm，对于伸出钢板的任何枝条均须及时修剪，枯枝死树及时清除更换。修剪后残留绿篱面的枝叶应及时清除干净。中央分隔带篱高控制在 1.5 ~ 2.2m 的范围内较为合适。见图 2-3。

②浇水：中央分隔带温度在夏季有阳光的白天常比正常气温高 2℃ ~ 5℃，水分蒸发快，在高温季节一旦发现树木缺水，须及时浇水。浇水前最好安排人员在树根周围挖出蓄水坑或沟，坑堰高 10 ~ 15cm，宽度以土不出分隔带内沿为宜；浇水后及时覆土保

墒。中央分隔带一年至少浇 3 次水，早春 3 月下旬浇解冻水，夏季高温干旱季节进行补水，11 月下旬浇封冻水。见图 2–4。

图 2–3 中央分隔带修剪

图 2–4 中央分隔带浇水

③施肥：每年春季结合浇水施复合肥或腐熟有机肥。对新植的桧柏，在栽植时应施适量底肥来保障树木的生长需要。结合灌溉可喷施一些微量元素肥料，提高树木的抗性和养分利用率。

④补植：中央分隔带树木的补植比较特殊，一般补植植株的生长空间狭小、受光不足、土壤板结严重，难以提供所需的养分，所以补植前后需要进行特别的养护处理。定植前应该施入有机肥作为基肥，每株 1kg 为宜，既可保证养分供应又可改良土壤；定植时要保证树体端正，对阳光敏感的树种最好让受光面靠近路一侧；定植后为保证成活，

必须灌足水分，加速根土结合，促进根系生长，十天内再浇水两次，成活后转入正常养护。为提高成活率，可以给植株叶面喷抗蒸腾剂，减少水分蒸发，或根系沾生根粉，促进根系生长发育。

2. 木槿

木槿又名朝开暮落花，喜温暖湿润气候，宜阳光充足，也稍耐荫，耐干旱、耐湿、耐瘠薄土壤，抗寒性较强。7 ~ 10月开花期，移植宜在落叶后进行。

①修剪：修剪以整形复壮、控制株形和树姿为主要目的，主要剔除病虫枝、残枯枝、长势衰弱枝、徒长枝等。

②浇水：木槿属于花期比较长的夏季花卉，植物开花需要大量的水分和养分供应，虽然木槿对水肥不甚敏感，但由于高速公路黑色路面吸收阳光，中央分隔带温度比其他区域要高，土壤养分供给较差，所以每年至少必须保证一次施肥、三次浇水，早春3月下旬浇解冻水，夏季高温干旱季节进行补水，11 月下旬浇封冻水。封冻水在地温尚未进入深冻阶段进行，浇冻水后封穴培土。

③施肥：初春枝叶萌动前要进行施肥，在木槿周围 40cm 处开沟，以 20 ~ 30cm 深为宜，施入复合肥，氮素为主要成分，施肥量 0.5 ~ 1kg/ 株。施肥后覆土踏实，灌透水。雨季是施追肥补充植物营养的良机，木槿花后追肥一次，以磷、钾肥为主，并及时剪除果实，减少养分流失。秋冬季节施基肥，以腐熟的有机肥为主，每株 1kg 左右，普施一遍改良土壤。

④防寒：新栽植植株入冬前要用草绳或无纺布缠干、根部培土。

⑤病虫害防治：春季木槿多生蚜虫，施用 25% 唑蚜威可湿性粉剂及时防治。夏季空气湿度大，蜗牛危害较重，宜施用 80% 灭蜗灵颗粒剂或人工捕捉。冬末初春，普喷“石硫合剂”一遍。

3. 金叶女贞、紫叶小檗

金叶女贞喜光，喜温暖，稍耐荫，但不耐寒冷。在微酸性土壤生长迅速，中性、微碱性土壤亦能生长。萌芽力强，适应范围广。

紫叶小檗的适应性强，喜阳，耐半阴，但在光线稍差或密度过大时部分叶片会返绿。耐旱性强，适生于肥沃、排水良好的土壤。耐寒，但 0℃以下要预防冻害，不畏炎热高温。萌蘖性强，耐修剪整形。

①修剪：中央分隔带金叶女贞、紫叶小檗修剪高度以不高于护栏上沿为宜，修剪时

刀口要锋利，每次修剪比上一次剪口高 1cm，直至绿篱定型。定型后，每年“五一”、“十一”前修剪。修剪原则是绿篱上部平整，轮廓清晰，棱角分明。修剪后要及时清理落叶及剪下的残留枝。在阴雨季节应减少修剪次数，从而减少伤口，降低病菌侵染几率。

②浇水：一年至少浇 3 次水，早春 3 月下旬浇解冻水，夏季高温干旱季节进行补水，11 月下旬浇封冻水。

③施肥：秋末冬初施基肥，施用有机肥或氮、磷、钾复合肥，用量为 0.5kg/m^2，有机肥可稍多点，以保证苗木来年的生长旺盛，增强其抗逆能力。

④防寒：对新栽植植株入冬前要设风障或保温棚进行防寒。

⑤病虫害防治：金叶女贞最常见病虫害是叶片斑点病、棉大卷叶螟等。叶片斑点病初期叶片出现褐色小斑，随着气温的上升，数个病斑相连，最后叶片焦枯脱落。夏季高温高湿的环境使该病高发。防治措施是从 6 月下旬开始，每隔 7 ~ 10 天喷一次杀菌剂，每次雨后再补喷一次杀菌剂，直到 9 月雨季结束。在发病前期，可使用多菌灵、托布津、力克菌等进行防治。棉大卷叶螟防治见本书第 5 章。

紫叶小檗最常见的病害是白粉病。此病靠风雨传播，传播速度极快，且危害大，故一旦发现，应立即进行处置。其方法是用三唑酮稀释 1000 倍液进行叶面喷雾，每周一次，连续 2 ~ 3 次可基本控制病害。

4. 红瑞木

红端木性极耐寒、耐旱、耐修剪，喜光，喜较深厚湿润但肥沃疏松的土壤。

①修剪：早春萌芽应进行更新修剪，将上年生枝条短截，促其萌发新枝，保持枝条红艳。如果春季萌生的新枝不多，可在生长季节摘除顶心，以促进侧枝形成，使树冠丰满。若出现老株生长衰弱、皮涩花老现象时，应注意更新，可在基部留 1 ~ 2 个芽，其余全部剪去，新枝萌发后适当疏剪，当年即可恢复。

②浇水：对水不敏感，早春浇解冻水，夏季干旱时适当补水 1 ~ 3 次，11 月下旬至 12 月上旬浇一次封冻水。

③施肥：红瑞木定植时，每穴应施腐熟堆肥 0.5kg 作底肥，以后每年春季或秋季开沟施追肥。

④病虫害防治：易患茎腐病，可于 3 月萌芽时喷洒 4 ~ 5 波美度的石硫合剂；雨季前喷洒 1：1：200 的波尔多液；秋季时有叶蝉发生，伤枝皮，影响观赏，可喷乐果 1 % 或 0.5 波美度的石硫合剂。

5. 杂草

中央分隔带杂草要及时修剪，修剪时留高在 3 ~ 5cm，每年修剪 6 次左右，要保证修剪后的杂草高度一致，始终不超过 15cm。

第二节　边坡绿化养护

【功能介绍】边坡绿化又称植被护坡绿化，是指单纯用植物或者植物与土木工程相结合，进行护坡、保护路基，防止边坡水土流失，改善生态环境。边坡绿化植物一般适应性强，耐贫瘠、耐干旱、病虫害少，株型较低矮，萌蘖发达，在短时间内就能郁闭整个坡面。

【作业要求】边坡植物生长正常，病虫控制及时，覆盖率不低于 70%；提高作业效率，减少占道作业时间。通过利用多辆水车同时浇水等组合作业方式，有效利用占路空间和时间，尽可能地减少对交通通行的影响。

【注意事项】边坡作业时，作业人员要注意安全。除雪时避免将含有融雪剂的积雪堆放到边坡上，以减少融雪剂对植物的危害。

【植物种类】北京市高速公路绿化中，一般是用六棱空心砖固坡，在空心处栽植植物。边坡绿化植物主要有：美国地锦、沙地柏、紫穗槐、常夏石竹、野牛草等。边坡植物需要尽可能覆盖整个坡面。

1. 美国地锦

美国地锦性喜温暖向阳环境，适生温度为 15 ~ 30℃，宜在肥沃沙壤土生长，耐贫瘠，对土壤适应性较强，具有一定耐旱、耐寒和耐盐碱能力，气候过于干燥或湿润均能顽强生存、生长，极少发生病虫害。美国地锦具有良好的保持水土的能力。由于他生长旺盛，枝叶匐地遇湿即可生根，茂密丛生，在分散径流量、缓冲径流强度方面远优于其他植物，根深可达 80cm，固结土体作用极强，特别是生长快，能迅速覆盖地面，避免了其他植物在种植初期因株间地表光秃而使土壤遭受侵蚀。因此是优良的护坡绿化植物。

①修剪：美国地锦一般不进行修剪，如果生长势很强，将地面覆盖多层，为保证其后续生长良好，可以疏除老茎留下幼枝，只要地面不裸露即可。对于长到道牙以内的，爬到平台植物上、路上、安全标志上的枝条，要及时割除，以免影响交通。

②浇水：美国地锦虽然耐旱，但是栽植当年，要注意根据天气情况及时浇水。随着地锦覆盖度增加，逐渐减少浇水次数，至完全覆盖地面时，可停止浇水。以后除天气特别干旱外，一般不用浇水。

2. 沙地柏

沙地柏是常绿匍匐灌木，喜光，喜凉爽干燥的气候，耐寒、耐旱、耐瘠薄，对土壤要求不严，不耐涝。适应性强，生长较快，栽培管理简单。可作水土保持、护坡、固沙及观赏植物。

①修剪：沙地柏等生长缓慢的植物一般不进行修剪，只要剪掉枯枝病枝及伸到道牙内的枝条即可。

②水肥管理：沙地柏生长良好的时候可以不进行浇水施肥。新植的或长势较差时，可以打孔施肥（具体见施肥方法章节），然后浇水，施肥浇水后要压实土层，浇水采用喷雾的方式，可以最大限度地防止土壤流失。

③补植：通常苗木栽植的深度要与原苗木栽植深度相同，根系不宜过深和过浅。栽植后要及时浇灌，前三遍水要浇足浇透。栽植前可以适当短截修剪，此后进行一般养护管理即可。

3. 杂草

边坡上的杂草要坚决拔除。杂草一般适应性、繁殖能力较强，如果不及时清理，人工种植的护坡植物就会被野草逐步侵蚀。

第三节　平台绿化养护

【功能介绍】平台绿化即高速公路排水沟两侧的绿化，呈带状分布，宽 1 ~ 2m，可分为内平台和外平台。平台绿化一方面美化公路环境，另一方面为水土保持，稳定边沟。

【作业要求】园林树木树冠基本正常，无明显枯枝干叶，绿地内无死树；病虫害控制及时，园林树木有蛀干害虫的株数不得超过 3%；绿地基本整洁，无明显杂物，无白色污挂（树挂）、垃圾；提高作业效率，减少占路作业时间。

【注意事项】占路作业安全管理是重点。如需占路，作业前应到交通管理部门办理占道作业的相关手续。

【植物种类】北京高速公路平台绿化多用紫穗槐和火炬树，有时也用其他抗性较强的乔木及花灌木。

1. 紫穗槐

紫穗槐是喜光，耐寒、耐旱、耐湿、耐盐碱、抗风沙、抗逆性极强的灌木，在荒山坡、道路旁、河岸、盐碱地均可生长，萌芽性强，根系发达，每丛可达 10 ~ 30 根萌条，平茬后一年生萌条可达 1 ~ 2m。

紫穗槐侧根发达，分级较多，横向延伸能力强，是涵养水源，保持水土的良好树种，特别是在陡坡和高填方路段栽植，对减少水土流失有着明显的效果。紫穗槐较强的生命力可以有效抑制杂草的生长，在一定程度上降低了养护工人除草的劳动强度。

紫穗槐的养护管理可粗放管理。一般栽植后第一年要除草松土 1 ~ 2 次。栽植数年后，一般由于林带过密需要平茬，平茬方式可以根据具体的生长状况进行，一般隔 1 ~ 2 年可以进行一次隔行隔带平茬，高度在根颈以上 10 ~ 15cm 处为宜。第一次轮割为争取多萌发枝条，可以在平茬时适时培土，以扩大根盘。对于有坡区域的紫穗槐林，应沿水平等高方向，进行隔带采条平茬。

2. 火炬树

火炬树为阳性树，性强健，耐寒，耐旱，耐盐碱。其根系浅但水平根发达，根萌蘖性强，寿命较短。

由于火炬树极强的适应性和抗逆性，其栽植和养护也非常粗放，栽植后一般仅需浇 2 ~ 3 遍水即可成活，一旦成活即能迅速生长。以胸径 2cm 的植株，按 1×2m 的株行距春季种植，第二年夏季即可成林，当年火炬树生长高度可达 2.0m 以上。

火炬树有非常强的侵占力，一旦离开原产地（原产北美），就会因为失去“天敌”的控制而疯长，危及引种地的自然生态系统，导致生态失衡。在日常养护中要严格控制其生长区域，避免危及其他植物生存。

第四节　桥区绿化养护

【功能介绍】桥区绿地是指互通式立体交叉干道与匝道围合的绿化用地，包括立交桥区的坡面绿化，即匝道所包围着的坡面区域。桥区绿化是公路景观设计中面积最大、立地条件最好、景观设置可塑性最强的部位，是道路的标志性景观。桥区景观观赏者根据具体的方位可以进行平视、俯视或慢行观赏，观赏者往往有足够的时间观赏绿地内空间、形式、层次及色彩。桥区土质较好，植物种类丰富，养护管理应更多考虑景观要求，考虑各植物种类内部之间和与其他种类之间的协调，尽可能地提高景观效果。

【作业要求】树木树冠基本正常，修剪及时，分枝点合适，枝条粗壮，无明显枯枝死叉，绿地内无死树；绿篱色带等修剪及时，枝叶茂密，整齐一致，整形树木造型雅观；草坪地被植物整齐一致，覆盖率90%以上，除缀花草坪外草坪内杂草率不得超过5%，冷季型草绿色期不得少于240天；病虫害控制及时，树木有蛀干害虫的株数不得超过3%；绿地基本整洁，无明显杂物，无白色污挂（树挂）、绿化垃圾（如树枝、树叶、草屑等）；提高作业效率，减少占道作业时间，尽可能地减少对交通通行的影响。

【注意事项】匝道浇水作业可以利用辅路、浇水管道等进行，严禁占路作业。其他区域占路作业时应到交通管理部门办理占道作业手续；除雪时避免将含有融雪剂的积雪堆放在桥区，以减少融雪剂对植物的危害。

【植物种类】桥区植物种类非常丰富。

1. 桥区“景观苗圃”养护

“景观苗圃”是在自然条件好的桥区进行苗圃式种植，以往6m的植株间距被加密到3m间距，细幼的苗木经过几年的生长，到植株可以挪移时，将被间隔移出并转栽到其他工程中，这样既确保了桥区的景观效果，又能生产出大量绿化苗木。将风景林的营造与苗木生产有机地结合起来，以林养林，以育代造，在降低造林成本的同时，也给造林者带来了可观的经济效益，形成良性循环。

“景观苗圃”的景观绿化意味着在桥区栽植的苗木，到达一定的可利用年限后，要按照一定规格一定范围进行调整出圃，因此养护有两个目的：一是保证桥区景观；二是培育适合绿化用苗的大规格苗木。见图2-5、图2-6。

①水肥管理：注重施肥的科学性与合理性，避免盲目施肥。注意迟效肥与速效肥的配合、有机肥与化肥的配合、基肥与追肥的配合，使N、P、K及其他营养元素配比适当。苗圃水分管理应依据各品种的需水情况进行，做到合理供水，以保证苗木正常生长。

②除草：人工和机械除草，在苗圃栽培管理中最好选择人工除草。

③病虫害防治：防治原则是以防为主、综合防治。同时注重防治措施贯穿苗木培育的各个环节，达到以较少投入培育出更多优质苗木的目的。

④出圃：桥区苗木生长到一定规格后要及时出圃。

图 2-5　高速公路桥区景观与苗圃结合

图 2-6　景观苗圃

2. 桥区“景观果园”养护

景观果园是在土壤条件好、便于看管的桥区种植各种果树，如柿树、樱桃、梨树、石榴、葡萄等，通过把农业生产中的经济林种引入高速公路桥区，将果园带进城市。这样既可以创造别致优美的桥区景观，又能产生一定的经济效益。

（1）樱桃

①修剪：7 月、8 月夏季修剪，这时新梢生长旺盛，要及时摘心，保证树体通风透光。11 月至 3 月上旬进行冬季修剪，樱桃生长迅速，幼树期间要维持好树体主从关系，注意平衡树势，开张角度。对于成年树，为维护和复壮骨干枝生长势，重截骨干枝延长

枝，回缩大中型结果枝组，适度疏间花束状果枝，促生分枝，增强树势，强壮直立枝和过密枝疏除。盛果期树短果枝比例较大，而短果枝连续结果 5 ~ 6 年即变成无芽空枝而枯死，因此，修剪时需留好预备枝。为防止结果部位外移和冠内光秃，对冠内枝组要加强回缩，更新复壮。

②水肥管理：3 月中旬下旬，施肥灌水，秋季没有施基肥的应在春季补施。灌水之后要及时中耕，松土厚度以 6cm 左右为宜。樱桃花药易受晚霜危害，晚霜较多的地方，可在樱桃开花前灌一次水，推迟花期，以免霜害。4 月下旬至 5 月上旬花后追肥灌水，在樱桃落花后开始追肥，平均每株结果树可施氮化肥 1kg，小树 0.25kg。从落花到采收应平均每周灌 1 次水。采收后，可根据土壤墒情，决定灌水次数。7 月、8 月将树下杂草除净，并运至园外沤绿肥。9 月、10 月施肥灌水松土翻地，施基肥，方法为轮状沟施，每株大树施有机肥 5kg，每株小树 2.5kg 左右。施肥后要灌一次透水，灌水后待不粘时，可将全园普遍耕翻一次。

③采收：5 月中旬至 6 月下旬采收，早熟品种如早紫等，一般 5 月中旬采收，此后中晚熟品种如那翁、黄玉等也陆续成熟。采收的樱桃果要带有果柄，并注意轻摘轻放，细致装运，避免损伤。

④病虫害防治：4 月上旬普遍喷一次 3 ~ 5 波美度石硫合剂，消灭越冬病虫害。4 月下旬至 5 月上旬易发生红蜘蛛、蚜虫、介壳虫等虫害，应注意防治，并将园内杂草清除。

（2）梨树

①修剪：6 月、7 月疏除过密背上旺枝，下旬对成花不好的长旺枝环刻；12 月冬季修剪，剪后大伤口要涂白或愈合剂封闭。

②水肥管理：3 月追肥灌水，梨树全年施肥量可按历年平均产量计算，每 50kg 果施纯氮肥约 0.25g，氮、磷、钾比例 1∶0.4∶1，施肥后灌水，再中耕保墒。4 月对梨树开花期易发生霜冻的地区在临近开花期灌 1 次透水，以延迟开花，避开霜害。5 月下旬起每隔 15 天左右叶面喷肥 0.3% 尿素和 0.3% 磷酸二氢钾，连续 3 次，也可结合打药喷。6 月、7 月浇果实膨大水。9 月秋施基肥，每 1kg 果施有机肥 1 ~ 2kg，每 50kg 有机肥加 1kg 过磷酸钙。11 月下旬灌冻水，灌透。

③疏果：5 月疏果，在单株负载量过大时进行疏果，疏果时间在生理落果后进行。留边果，大型果留 1 ~ 2 个，小型果留 2 ~ 3 个。疏果可参考该品种的枝果或叶果比指标，并根据树势状况酌情增减。

④补植：3 月下旬开始补植缺死梨树，并定干、抹芽。

⑤防寒：11 月把落叶、病虫果、枯枝清扫干净，集中烧毁，上冻前寒冷地区幼树培

防寒土，树干涂白。3 月下旬撤除防寒土。

⑥采收：9 月、10 月梨果采收，采收的梨果要带有果柄，并注意轻摘轻放，细致装运，避免损伤。

⑦病虫害防治：8 月初喷 3000 倍灭扫利或 4000 倍速灭杀丁，防梨小食心虫、红蜘蛛、舟型毛虫；继续刮治腐烂病；晚熟品种 8 月 20 日左右再喷一次药。12 月刮树皮如有腐烂病，刮后涂福美砷 40 倍液。

（3）葡萄

①修剪：及时抹杈，留取一个健壮的新梢，其余的新梢或副梢全部抹去，尤其对于密度较大的苗圃更要抹杈。苗木新梢长到 50cm 左右时进行摘心，摘心后发生的副梢，除留下顶端的一个外，其余全部抹去；顶端的副梢长至 5 ~ 6 片叶时，留 2 ~ 3 片叶摘心；副梢上再生的梢全部抹掉。高档葡萄品种苗木上的新梢长至 1 ~ 1.5m 时必须架缚，可以在两行苗木间每隔 3 ~ 4m 插一竹竿，拉上细铁丝或尼龙绳 2 ~ 3 道，两头竹竿各拉一条线，将两行苗木全部绑缚于竹竿间的铁丝或尼龙绳上；如苗木较稀，可每株苗木新梢绑缚一竿。

②水肥管理：地下追肥，一般追施尿素即可，待苗木长到 7 ~ 8 片叶时，每亩撒施 15 ~ 20kg 尿素，15 天后再施一次，一般施 3 次即可；二是根外追肥，夏季结合喷药喷 0.5％尿素，秋季喷 0.3％磷酸二氢钾，各喷两次即可。适当控制浇水，若苗木冬前不出圃，一定要浇好越冬水。每次追肥均应随即浇水。

③病虫害防治：主要防治的病害是霜霉病和黑痘病；主要防治的虫害是棉铃虫、甜菜夜蛾和葡萄天蛾。

3. 桥区宿根花卉养护

根据宿根花卉不同品种的开花结实、越冬休眠等生长习性，采取相应养护措施：宿根花卉开花后，对不具观果价值的品种，应及时修剪残枝、残花、残果；宿根花卉进入休眠状态后，应及时清除地上部分的枯枝、残叶；对根蘖成丛的宿根花卉，宜结合调整栽植密度，于休眠期进行分墩重栽；冬季宜对耐寒性差的宿根花卉培土保墒、防寒；对宜倒伏的宿根花卉应适时修剪；对有二次开花习性的宿根花卉（如矮景天等）应在花后适时进行修剪；宿根花卉生长期间应进行追肥或叶面施肥，应根据土壤墒情适时浇水，喜湿的品种应在生长期保持充足的水分供给，宿根花卉必须浇返青水和解冻水。

萱草

①补植：萱草分株宜在春季萌芽前和秋季落叶后进行。春季分株当年即可开花，秋

季分株需到来年才开花。分株时挖取生长旺盛、无病虫害的植株，将分蘖株从母株的根部短缩茎处带肉质根割离，剪除病根、朽根和老根。栽植时株行距宜为 30 ~ 50cm，挖穴栽植。一般穴深以 15 ~ 20cm 为宜。栽后覆土压实，为确保成活率可用稀薄的肥水浇灌。有条件的可在 3 ~ 5g/L 高锰酸钾溶液中浸泡 20 ~ 30 分钟，然后栽植。萱草一般 2 ~ 3 年需要分株一次。

②水肥管理：萱草开花期长，绿色期也长，在肥水管理上要求施足基肥，盛花期后要追施有机肥和复合肥。萱草对氮、磷、钾的需求量大，氮素充足时，可促进植株健壮生长，叶片增大。磷能促进根系生长，增强分蘖萌蕾能力，并促进抗旱、抗寒、抗病，提高品质。钾供应充足时，植株生长健壮，抗病力强，并能使花葶抽生整齐粗壮，花蕾发育肥大，萌蕾力增强。萱草在生长期内如长时间缺水，将影响其生长。花蕾期必须经常保持土壤湿润，防止花蕾因干旱而脱落，浇水要浇透，以早晨和傍晚为好。

③清除残叶：花谢后自近地面剪除残花茎，及时清除株丛基部枯残叶片。

④病虫害防治：萱草病害主要有锈病、叶斑病和叶枯病，虫害有蝼蛄、红蜘蛛和蚜虫。锈病主要危害叶片、花苔，危害初期，叶片产生少量黄色粉状斑点，后逐渐扩展到全叶，以致全株枯死。发病时可喷施粉锈宁 200 ~ 300 倍液、敌锈纳 300 ~ 500 倍液进行防治。叶斑病主要危害叶片，造成全叶萎黄枯死，可喷洒波尔多液或石硫合剂。叶枯病主要危害叶片，形成褐色条斑，严重时全叶枯死，可用 50% 多菌灵 600 ~ 800 倍液喷洒。蝼蛄防治见第 5 章，红蜘蛛和蚜虫主要危害叶片和花蕾，可用 40% 乐果乳剂 800 ~ 1000 倍液进行喷洒防治。

4. 草地养护

桥区杂草多为禾本科杂草和一些阔叶类杂草，如狗尾草、牛筋草、马唐、稗草、白茅、铁苋菜、反枝苋、独行菜、打碗花、抱茎苦卖菜、葎草（拉拉秧）、茜草等，这些杂草有如下特点：对不良环境适应性强；结籽早、数量多，繁殖力和再生能力强；种子可通过多种方式传播；种子的休眠期和寿命长。

基于上述特点，很难彻底除去杂草。对于杂草应该分区域分情况对待：

①对于桥区灌木丛、月季花丛、种植花卉中的各类杂草要坚决清除；

②对于桥区空地和林下空间的禾本科杂草一般要进行整平修剪，变野草为“草坪”，杂草修剪时留茬高度在 3 ~ 5cm，促进杂草多萌蘖多分枝，而不是迅速长高。养护须保证桥区的杂草高度始终低于 15cm。

【注】桥区乔木、花灌木、色带养护参见服务区及驻地部分。

第五节　服务区及驻地绿化养护

【功能介绍】服务区是集加油、修理、餐饮、住宿、娱乐、购物以及广告业为一体的综合区。驻地是指收费人员集宿地及运营养护管理部门的办公场所。服务区及驻地景观是展示高速公路绿化水平的重要窗口，其设计主要是通过空间划分与植物配置，以建筑物为主体，结合现代园林艺术表现手法，并以亭、石、小品、灯光及植物造景点缀而成，达到观赏、休闲、提高环境质量的目的，见图 2-7。

图 2-7　服务区及驻地景观

【作业要求】园林树木树冠完整，修剪合理及时，分枝点合适，枝条粗壮，无枯枝死杈，绿地内无死树；花灌木开花及时，株型丰满，花后修剪及时合理；绿篱色带等修剪及时，枝叶茂密，整齐一致，整形树木造型雅观；花坛、花带轮廓清晰，整齐美观，色彩艳丽，无残缺，无残花败叶；草坪地被植物整齐一致，覆盖率 95% 以上，草坪内无杂草，冷季型草绿色期不得少于 270 天；病虫害控制及时，树木有蛀干害虫的株数不得超过 1%；绿地整洁，无杂物，无白色污染，无绿化垃圾；提高作业效率，减少占道作业时间，尽可能地减少对交通通行的影响。

【注意事项】与桥区景观不同之处在于桥区景观为动态景观，服务区及驻地景观为静态景观，因此要求养护更精细化。

【植物种类】服务区及驻地植物种类非常多，一般园林绿化中常用的植物都有。

1. 乔木

（1）国槐

①修剪：一年修剪一次，在早春天气回暖，根系进入旺盛活动之前进行（避开严寒天气，气温过低会使伤口流出树液，影响树木恢复生长）。

国槐新栽植树木在不影响主干生长的情况下，应尽量多保留一些侧枝，这样有益于树干的加粗生长。影响主枝生长的竞争枝要及时剪掉，对不形成竞争生长的其他侧枝控制其生长，当其粗度达到主干粗度的1/2时应及时剪除。对于国槐老树仅需要剪去过密枝、病虫枝、枯死枝即可。若树冠树势不平衡时，对过高部分的枝干要进行缩剪或短截。

②水肥管理：国槐早春浇解冻水，夏季干旱时适当补水，秋末落叶后两周左右施基肥结合灌冻水。

（2）雪松

①修剪：雪松的修剪一般在冬季休眠期进行。

a. 主干的处理。雪松主轴顶端优势较强，自然树形为圆锥形或尖塔形。有明显的主干，主干通直不分叉，由顶芽逐年向上生长而成，因而必须保持其中心主枝顶端优势。若主干顶梢柔软下垂，在每年新梢萌动前应用细竹竿缚直；当在顶梢附近出现较粗壮的侧枝与顶梢发生竞争时，应对竞争枝进行重短截，来年再从基部剪除，以保持顶梢的旺盛生长；若原来的主干延长枝因病虫害或其他原因造成长势衰弱时，应选择生长旺盛的相邻侧枝换头。

b. 主枝的处理。雪松具有主干上侧生枝较多，而上下梢粗度差异不明显的特点。

选留主枝。雪松要求主干上的主枝分布合理，匀称，美观大方。因而主枝在主干上常呈分层排列。通常每层主枝4～6个均匀分布于四周，层间距约50cm，层内距约15～25cm。凡被选作主枝培养的一般不剪。

多余主枝的剪除。对层内未被选作主枝的粗大枝先短截至分枝处，减缓其生长势，待来年再剪除。细弱枝则可自主干基部剪除。对层间多余枝既可分期疏除，也可一次性剪除。

均衡长势。雪松要求下部枝长，向上渐次缩短，而且同一层内部主枝长势应均衡。修剪中常用“抑强扶弱”的方法来均衡其长势。对长势强的枝条进行回缩修剪，选留生长弱的下垂侧枝或平行侧枝作枝头，以缓和其长势。

c. 小枝的处理。首先剪除重叠枝、交叉枝、枯枝和徒长枝。其次，雪松针叶在短枝顶端成簇生长，在生长期间，可随时对过长枝进行短截修剪，并对侧枝上直生小枝进行摘心，使其萌发更多的短枝和簇生针叶，以保持一定的树形。

②浇水：雪松属浅根系树种，根系大多分布在距地表厚度为 40 ~ 60cm 的土壤层为多，一般待天气干旱时才浇水，浇则浇透浇匀，浇水不要过于频繁，雨季注意排水。

③施肥：雪松宜用发酵腐熟的人粪肥和饼肥等有机肥，施肥时间在 4 ~ 5 月为宜，注意肥水不宜过浓，次数不宜过多，每年施 2 ~ 3 次即可。

2. 花灌木

（1）当年新梢开花种类如八仙花、山梅花、紫薇、木槿、珍珠梅、月季等。

紫薇

①修剪

a. 修剪时间。第一次休眠期修剪：紫薇的落叶期较晚，宜在 2、3 月份休眠期修剪。最适宜时间在春芽萌发前的 10 ~ 15 天前后进行。此时，修剪有利于集中树体营养促进春芽萌发长成健壮新梢和花枝。

第二次生长期修剪：宜在抽花序后至开花前的初夏 5 月中旬进行。

第三次花后修剪：可选在末花期后的幼果期进行，修剪后能促使秋梢萌发，在当年有较长时间生长，有利于多培育翌年开花的健壮母枝。但是在末花期后过早修剪，会促使母枝新发秋梢二次开花。如果夏季不进行花后修剪，则可作秋季观果欣赏，待至果熟前再行修剪。

b. 修剪强度。紫薇比较耐修剪，萌芽力强。一年生至多年生枝条经不同强度的冬末初春修剪后，萌发的春梢都能在夏季开花。修剪强度对开花母枝而言可分为轻剪、中剪和重剪。轻剪：从母枝长 2/3 处短截，剪去 1/3 的末梢，保留长母枝，剪后萌发的新梢花枝多，但花序较短；中剪：在母枝长 1/2 处短截剪去，留下中长母枝，萌发的新梢较健壮，花序也较大，花蕾多；重剪：剪去母枝长度的 2/3，留下短母枝。其萌发的新梢多能发育成健壮花枝，序大花多。此外老树也可对多年生枝条进行重剪更新，当年新梢也能开花。见图 2-8。

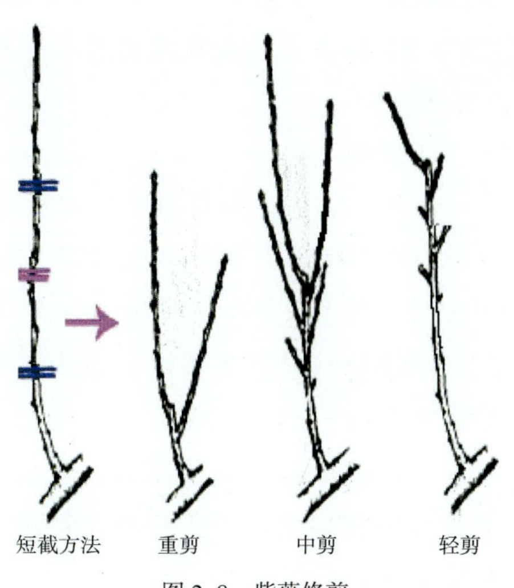

图 2-8　紫薇修剪

c. 修剪方法。休眠期修剪：首先要注意整形修剪，即把那些伸出树冠外的过长枝条剪去，保持树冠面整齐美观。其次，对上年花后已剪去残花果穗萌发的秋梢，其生长时间较长，芽眼饱满，应采用轻剪或中剪，长势强的可轻剪，长势弱的中剪，促进母枝腋芽多、分生健壮的侧枝发育成花枝。假如上年花后未修剪而带果实越冬的结果母枝，营养积累少，应适当重剪，短截枝条的 1/2 ~ 2/3，保留基部芽眼较饱满的短母枝，以集中营养供应新梢发育成花枝。同时对那些往年生的过密枝、交叉枝和直立枝应从基部剪去。

生长期修剪：修剪原则是轻剪疏剪，即把那些没有抽生花序的生长枝剪去顶梢 3、4 节，以抑制延长生长。同时把那些长势差和密度大的花枝及错位交叉枝、阴生枝、直立枝、徒长枝等从基部剪去，以利通风透光，集中营养供花枝发育开花。

花后修剪：一般宜在花谢后至幼果期进行，按中度至强度修剪方法短截花枝。保障新长的秋梢于入冬前有较长时间进行营养生长和营养累积。此次修剪不宜过早，如推迟至秋后果熟前修剪，还可作观果欣赏；对水肥管理较好的可进行秋季二次开花的修剪。在花枝长度的 1/3 ~ 1/2 处短截，促进母枝早萌发秋梢，秋末再次开花。

②施肥：一般一年可施 2 ~ 3 次肥，一是秋季（9 月下旬至 10 月）的花后肥，这次肥以一些经腐熟发酵的牛马粪或鸡粪等有机肥为主，可以有效补充开花所消耗的养分，使得植株生长旺盛，长势良好；二是在入冬前（11、12 月）结合浇冻水施用一些基肥，这次肥宜施磷钾复合肥和有机肥，不仅肥力持久而且还可以保证花芽分化的营养需求，提高来年的开花质量。另外，视树体长势在花前 4、5 月份也可施一次肥。

③浇水：每年至少浇水 3 次。在 11 月下旬至 12 月初浇封冻水，在 3 月初浇一次返青水，每次浇水必须浇足浇透。其余时间则应根据土壤墒情来掌握浇水次数和浇水量，雨季注意排水，避免积水。在入秋后要控制浇水，防止秋季枝条徒长和越冬时遭受冻害。

（2）隔年生枝条开花的灌木种类如碧桃、榆叶梅、连翘、丁香、黄刺梅、紫珠等。

碧桃

①修剪

a. 整形方式。整形方式是自然杯状形和自然开心形。特点如下：

自然杯状形：树冠开张中空，呈杯状形。定干高 20 ~ 50cm。主枝 3 个，均匀向四周排开，各主枝与主干角度 45° ~ 60°，3 个主枝各自再分生 2 个枝而成 6 个枝。这种几何状规整分枝整齐美观，冠内不允许有直立枝、内向枝的存在，一经发现必须剪除，见图 2-9。

自然开心形：树冠圆满，呈扁圆形。定干高 40 ~ 100cm。主枝 3 ~ 5 个，在主干上呈放射状斜生，中心开展，基角 30° ~ 45°。主枝分枝不为二杈分枝，而为左右相互错落分布，见图 2-10。

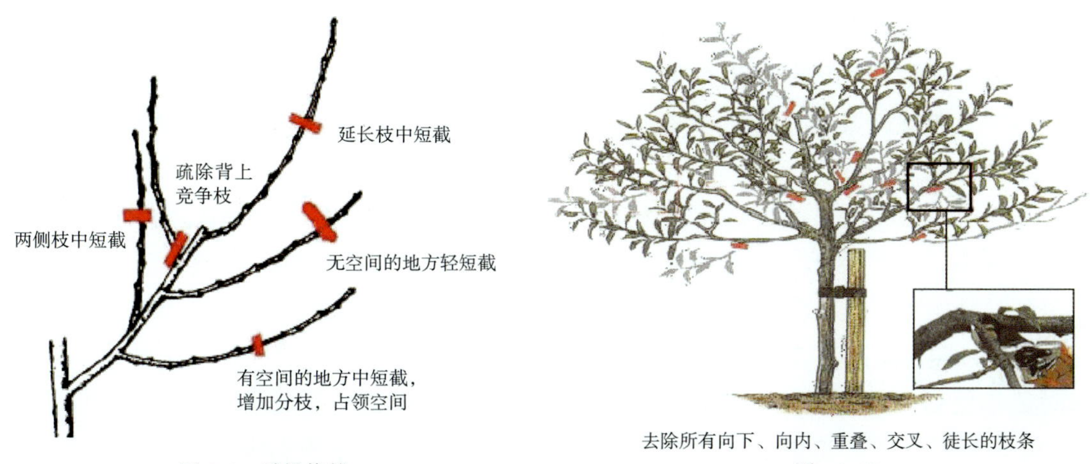

图 2-9　碧桃修剪　　　　图　2-10

b. 修剪时间。碧桃的修剪以休眠季修剪为主，以生长季修剪为辅。休眠季修剪（12月至次年2月）：应在严寒以后，春季树液流动前为宜。主要是培养骨架和花枝组，使枝条充实，同时要剪除扰乱树形、影响美观的枝条，使树木健康而整洁地生长。生长期修剪（5月、6月）：主要是花后复剪工作和夏季摘心促分枝。通过修剪，可减少无效生长，节省养分，创造良好的通风透光条件，利于枝条充实和花芽分化，减轻冬季的修剪量。

c. 修剪方法。休眠季按树体整形方式要求，确定树体的骨干枝，明确各主枝和各级侧枝的从属关系，以短截为主，通过抑强扶弱的方法，使枝势互相平衡。当主枝延伸过长时，要及时回缩，选合适的分枝代替原枝头，进行短截。根据空间大小安排大、中、小型各类枝组，长花枝多留，发育中等的长枝开花最好，应保留8～12个花芽短截，中花枝留5～6个芽，短花枝3～4个芽，剪口芽留叶芽，花束状枝不短截。同时要疏除交叉枝、重叠枝、病枯枝、伤残枝、细弱枝及不必要的徒长枝。

生长期修剪方法：为了观赏的需要，休眠季修剪保留的长花枝，花后必须进行短截，否则容易造成分枝过多、通风不良。新梢生长前期，摘心可以促使早萌发副梢并控制枝条的加长生长，使枝条形成较饱满的花芽。为减少无用的新芽，节省养分，减少冬季因疏枝而造成的伤口数量，要及时抹掉骨干枝的背上芽，树冠内膛的徒长芽，剪口下的竞争芽及对嫩双梢“去一留一”。同时，在5～9月将骨干枝按树形要求进行拉枝，以平衡树势。

②浇水：每年浇水3次。在11月下旬至12月初浇封冻水，在2月下旬3月初浇一次返青水，在花后的4月中下旬浇一次水，每次浇水必须浇足浇透。平时基本不用浇水，雨季注意排水。

③施肥：碧桃需肥不多，栽植时可在穴内施少量基肥，肥多会造成徒长，不利于花

芽形成。生长期间要根据植株生长情况决定是否施肥，一般只需在春季开花前（2月中下旬）施1次肥、落叶前（10月下旬至11月）1次肥。

（3）多年生枝条开花灌木种类紫荆、贴梗海棠等，应注意培育和保护老枝。

贴梗海棠

①修剪：贴梗海棠的树形常见为灌丛型。理想的灌丛型应当保持内高外低，内疏外密的状态。内高外低不仅美观大方，而且还可使所有枝条都能均匀接受光照，内疏外密可以增加灌丛的通透性，使植株健康成长。第一，将过密枝、病虫枝、交叉枝疏除掉；第二，要注意开花枝的更新。贴梗海棠的开花枝以3～5龄的枝条开花量最多。修剪时每年更新开花枝2～3枝，多余的新生枝条可以疏除；第三，一年生枝条不宜剪短，花谢后及时对花枝进行适当的修剪，可以促使其萌发更多的侧枝，以提高开花的数量和质量。

②施肥：贴梗海棠喜肥，一般一年可施用3次肥：一是春季的花后肥，这次肥以氮肥为主，可同时施入一些经腐熟发酵的牛马粪或鸡粪，这次施肥可有效补充开花所消耗的养分，使得植株生长旺盛，长势良好；二是在7、8月，其花芽分化期间，施用一些磷钾复合肥，此时施肥，可以促进花芽分化，增加着花数量；三是在入冬前结合浇冻水施用一些基肥，这次肥施用芝麻酱渣最好，不仅肥力持久而且还可以有效增强树势，提高来年的开花质量。

③浇水：每年至少浇水3次。在11月中旬到12月初前浇封冻水，在3月初浇一次返青水，在花后的4月中旬再浇一次透水，每次浇水必须浇足浇透。其余时间则应根据土壤墒情来掌握浇水次数和浇水量，见干浇水，雨季注意排水，避免积水。在入秋后要控制浇水，防止秋季枝条徒长，越冬时容易遭受冻害。

3. 藤本植物

藤本月季

藤本月季适应性强，对土壤要求不严格，但以疏松、肥沃、富含有机质的土壤较为适宜。它性喜温暖、日照充足、排水良好的环境，最佳生长温度为15℃～25℃，低于5℃开始休眠，高于33℃花质较差。光照不足时茎蔓变细弱，花朵变小，花量减少，花色变淡；不耐积水，若长期排水不良，会造成生长不好，易烂根。喜肥水，在肥水丰富的条件下，枝叶茂盛，花盛色艳，反之，花朵变小，花色转淡。有很强的耐旱、耐寒和抗病虫害能力，根系发达，枝条萌发迅速，长势强壮，分枝力强，再生力好，每株年萌发主枝7～8个，每个主枝又可萌发若干侧枝。

①施肥：由于藤本月季开花多，需肥量大，所以在冬季休眠期应施足底肥，有机肥 0.5 ~ 0.8kg/ 株。生长季应及时施肥，一般在 5 月盛花后追肥（0.5kg/ 株），以利夏季开花和秋季花盛。秋末应控制施肥，防止秋梢过旺而受到霜冻。春季开始展叶时，由于新根大量生长，注意不要使用浓肥，以免新根受损，影响生长。施肥应以有机肥为主，化肥为辅，化肥也要以复合肥为主。

②浇水：藤本月季在整个生活期中都不能失水，从萌芽到放叶、开花阶段，应注意供应充足水分。尤其是在花期需水比较多，要经常保持土壤湿润，以保证花朵肥大、鲜艳。进入休眠期后，需水相对减少，应适当控制水分。

③修剪：藤本月季具有较长的藤蔓，需依附在护网上生长。整形修剪的目的就是让其在护网上良好生长，以形成独特的观赏造型。藤本月季品种较多，大致分为一季花品种和多季花品种两类。

一季花品种是在头年生的藤蔓上抽生花枝，初夏开出大量的花朵。因此，早春的修剪必须注意尽量保留头年生的壮藤，去除不能开花的老、弱、病枝及过密藤蔓，同时进行轻度短截，对所保留的藤蔓要适当地进行牵引、缚扎、卷盘，使其分布均匀，充分透光。一般当藤蔓长到适当长度时，再把它们从基部按一定角度分开，使各藤蔓间距均匀，同时将末端向下弯成拱形，然后加以缚扎固定，促使拱形藤蔓上的腋芽充分发育，发出许多分散于空间的花枝，并开出大量的花朵。花后修剪时，如有老藤可从基部剪除，保留头年生的壮藤，并适当加强肥水管理，促使植株抽发强壮的蘖芽，秋末就能形成健壮的新生藤蔓，藤上的饱满芽来年还会形成花枝，这样年复一年的生长，植株的体积会长得很大。

多季花品种一般在定植后三年内无需大的修剪，每年仅去除死藤及无用的枝蔓，并进行轻度的短截即可。自第四年开始进行入冬前和春季修剪，每株保留 4 ~ 5 根强壮的主藤，剪除过多的老藤，但要注意不宜过多地修剪 2 ~ 3 年生的藤蔓，因其在这种藤蔓分枝上开花最好。在整形盘缚时，要去掉主藤的尖梢，以促进侧枝生长开花。花后要去除残花，将花枝留 3 ~ 5 个芽短截，以促萌新枝继续开花。

④补植：裸根苗宜于晚秋或早春栽植。盆栽苗木生长季栽植，但以雨季栽植最好。在移栽前，首先要疏去衰老枝、细弱枝、伤残枝、病虫枝，掘苗后还要对根系进行修剪，把老根、病根剪除，将伤根截面剪平，以利愈合。挖穴后，重施基肥。栽后浇足水，以后见干浇水，雨季忌积水，注意及时排水。炎热夏季干旱时，宜傍晚浇水。新梢生长期应勤追 1：1：2（或 3）的氮、磷、钾，忌浓肥，也可用 0.1% ~ 0.3% 的尿素和磷酸二氢钾配以微量元素于早、晚叶面喷肥。

4. 绿篱色带植物

绿篱色带植物萌芽力强，耐修剪，如大叶黄杨、金叶女贞、红叶小檗、紫叶矮樱、桧柏、小叶黄杨都是常用的绿篱色带植物。

（1）养护质量要求

①造型绿篱轮廓清晰，棱角分明；

②墙状修剪绿篱侧面垂直，平面水平，无明显缺剪漏剪，脚部整齐；

③每次修剪留高 1 ～ 2cm，已定型的绿篱修剪后新枝留高不超过 1cm；

④色带修剪应有坡度变化，但坡度应平滑，不能有较明显接口；

⑤绿篱色带内直立及藤本杂草应及时予以连根清除；

⑥枯死植株应及时用大小相当或稍大的同类植株更换。

（2）养护管理

①修剪：绿篱色带植物的修剪在每年的 4 月下旬至 9 月月底前进行。造型的灌木修剪应保持外型轮廓清楚，外缘枝叶紧密。中午、雨天、强风、雾天不宜修剪。修剪后，清除剪下的枝叶，加强肥水管理，待新的枝叶长至 4 ～ 6cm 时进行下一次修剪（前后修剪间隔时间过长绿篱会失形，必须及时修剪）。修剪时要求刀口锋利紧贴篱面，不漏剪重剪，旺长突出部分多剪，弱长凹陷部分少剪，直线平面处可拉线修剪，顶部多剪，周围少剪。花篱一般花后修剪，促进开花，以免结实。

②水肥管理：绿篱要不断修剪，肥水条件要求较高，施肥原则是基肥足追肥速，以氮为主，磷钾结合，群施薄施，剪后必施，必要时还进行根外施肥。水分管理，以保湿为主，表土干而不白，雨后排水防渍，以免引起烂根，影响生长。

5. 冷季型草坪

冷季型草坪喜凉爽，最适生长温度为 15℃ ~ 25℃，气温高于 30℃时，生长缓慢。在炎热的夏季，冷季型草坪进入生长不适阶段，是草坪管理的最重要时期。冷季型草品种有草地早熟禾、细羊茅、黑麦草、高羊茅等。见图 2-11。

①杂草清除：必须随时随地清除杂草，做到“除早、除小、除了”，保持草坪的纯净度。

②修剪：修剪可使草坪平整、均匀，并使叶片加密，提高草坪质量。草坪修剪高度因品种不同而异，高羊茅 8cm，早熟禾 6cm，黑麦草 6cm，细羊茅 6cm，混播草种一般控制在 5 ～ 7cm；一般每半月修剪一次，每年修剪不少于 8 次；夏季应适当提高修剪高

度，增强抗性；秋季应少剪，以利于形成良好的茎叶覆盖，贮存足够的营养物质顺利越冬和来年提早返青；剪草机刀片要锋利，最好用滚刀式剪草机，悬刀式剪草机要及时磨利刀片，提高剪草质量，剪下草叶要及时清理，减少病害侵入几率；剪草机难操作的草坪边沿应进行人工修剪，使草坪边沿整齐美观，见图 2-12。

图 2-11　绿篱色块及冷季型草坪

③浇水：草坪生长需水量大，浇水次数依长势和天气状况定。每次浇水时要浇透，等草坪出现轻微萎蔫时再进行下次灌溉，忌少量多次浇水；夏季高温期间，严禁在中午浇水，以早 11 时前，下午 15 时以后傍晚以前为宜；浇水要均匀一致，防止局部过干过湿引起草坪根部病害；水车浇水时，要求必须采用雾状喷洒，严禁高压柱状喷水，见图 2-13。

图 2-12　人工修剪草坪

图 2-13　草坪浇水

④施肥：草坪在深秋要施基肥，基肥以有机肥为主。生长季施追肥，开春后追施促萌肥，夏季生长缓慢追施促壮肥，追肥以 P、K 为主，用量 5 ~ 10g/m^2，少施氮肥，以防出现徒长。肥料撒施要均匀，防止烧叶烧根，施肥后要及时浇水。

⑤保洁：草坪保洁要及时，严禁在草地中堆放垃圾等杂物，做到垃圾日产日清。

⑥草坪补栽：草坪补栽应随发现随补栽，补栽时间应选在阴天、雨前或傍晚进行，补栽后须及时浇水。

⑦打孔透气：夏季土壤透气性差，应用打孔机进行打孔透气。

⑧病虫害防治：

春季要浇好返青水，梳理枯草，把腐烂的草用耙梳理干净，并打孔后施复合肥，然后浇水，刺激草坪的新根萌发和增加肥力，增强抵抗病害的能力。

夏季根据要求 10 ~ 15 天修剪草坪一次，修剪后要及时喷药，或用 25% 的多菌灵可湿性粉剂灌根，控制病害的发生。在 7 月份天气高温、闷热、连阴雨期间要每周或放晴就开始喷甲基托布津、多菌灵、百菌清等农药，交替使用可防止褐斑病、腐霉菌枯萎病和镰刀菌枯萎病。

秋季雨水变少后天气变凉一般病害减轻，草坪锈病发生严重。可以采用 1000 ~ 1500 倍的粉锈宁进行防治，但要与速保利、甲基托布津交替使用。

第六节　岩体绿化养护

【功能介绍】岩体喷播是当前工程创伤的岩石边坡生态修复的最新模式，是岩石边坡工程防护与生态绿化并重的新技术。该技术利用锚杆加固铁丝网技术，运用特制喷混机械将土壤、保水剂、黏合剂、植物种子等混合干料加水后喷射到岩面上，形成近 10 ~ 15cm 厚度的具有大小孔隙的硬化体，能使植物在短时间内快速生长覆盖整个坡面，发挥绿化美化的生态效益和景观效益。

【作业要求】通过养护使植被尽早覆盖整个坡面，形成以乡土灌草为主、辅以低矮乔木的稳定植物群落，同时养护作业时应注意作业安全。参见图 2-14。

【植物种类】北京京承高速公路岩体绿化中应用的木本植物有刺槐、榆树、臭椿、胡枝子、紫穗槐、马棘、锦鸡儿、柠条、荆条；草本植物有沙打旺、紫花苜蓿、小冠花、多年生黑麦草、高羊茅、野菊花。

养护管理：

（1）浇水

①浇灌设备的配备：

a. 坡面面积≥ 2000m^2 或整体坡高≥ 10m 的坡度，需配备折叠水箱、微喷或滴灌设备及高山泵，采用水车供水方式浇水。

b. 坡面面积≤ 2000m^2 或整体坡高≤ 10m，采用水车直接浇灌方式进行浇水养护。

图 2-14　岩体绿化

②养护要安排专人浇水：

a. 浇水次数：旱季 2 次 / 周，雨季视土壤湿度而定。

b. 浇水时间：

夏季：上午 11 点以前或下午 3 点以后浇灌水；

其他季节视天气温度确定浇水时间，防止灼伤苗木。

冬季封冻水浇灌时间：11 月 1 日至 11 月 30 日（山区上冻早，封冻水较平原早些浇灌）。

春季解冻水浇灌时间：3 月 15 日至 3 月 30 日。

c. 浇水口出水要求：雾状。

d. 浇水润湿厚度：每次要浇足浇透，湿润深度大于 10cm。

（2）种子补播及苗木补植

春季种子发芽后，应及时对稀疏、无草区进行补播，并对穴栽苗进行补植，此项工作于每年的 4 月底前完成。

（3）施肥

根据植物生长需要及时追肥。秋季增施磷钾肥，春季增施氮肥。施肥时坡面撒施或结合浇水喷施。

（4）杂草控制

杂草高度控制在灌木高度 2/3 以下，覆盖地面保持水土、涵养水源，促进灌木的生长。

第三章　恶劣天气养护

北京地区恶劣天气时有发生，严重影响了城市绿化效果。如长时间的高温干旱，导致树木叶片焦边、黄叶，甚至落叶死亡；持续的绵绵阴雨，使植物生长受阻，易发生病害，造成草本花卉的大面积死亡；瞬间的大风、暴雨等，极易发生树木的风倒、风折；气温骤然下降形成大区域植物冻害等，不仅关系到行人安全与交通的畅通，而且在很大程度降低了高速公路景观的效果。

第一节　雪　　灾

积雪一般对树木无害，但常常因为树冠上积雪过多压裂或压断大枝，同时融雪期时融时冻交替变化、冷却不均也易引起冻害。北京 11 月份即落叶乔木落叶前的大雪最易造成雪灾。见图 3-1。

图 3-1　雪灾

1. 灾前预防

①整形修剪：根据树木生长特性将枯死枝、衰弱枝、病虫枝等剪下，对生长过旺枝

适当回缩，改善树冠内部的通风透光条件，培养理想的树形。对于较大的伤口，要用药物进行消毒。

②树木清理：因树木衰老、病虫侵袭、人为破坏等造成的枯死树，影响整体景观，应及时伐除，并补栽上相同规格的苗木。

③收听当地天气预报，及时了解当地天气动态，以便对有可能出现的大雪天气及早做好相应的各项应急准备，做到有备无患。

2. 灾后养护

组织人员全天候进行绿化养护巡查，加强监管。发现雪后绿化树木难以承受积雪之重造成树木灾情的，及时通知各养护班组，采取用树枝、竹竿等工具进行掸雪的措施，清理树上积雪，减轻雪对树木的伤害，同时将压伤折断枝条进行适当修剪。对于倒伏的大树，如果确实无法扶正或无扶正意义的要及时清除，避免影响交通安全。

【注】融雪剂问题

目前使用的融雪剂多是以“氯盐”为主要成分的无机融雪剂，如氯化钠、氯化钙、氯化镁、氯化钾等。如果将使用融雪剂后的积雪堆积在道路绿化带，盐类残留物将会危害植物根系，造成绿化植物大量枯萎、死亡。建议多使用环保型融雪剂，逐渐淘汰常规氯盐型融雪剂。在喷洒融雪剂时，严格控制单位面积使用量，加大喷洒车与道路绿化植物之间的距离，尽量避免把融雪剂直接撒入绿化带中或树坑内。严禁将含有融雪剂的残留雪堆积在绿化带内。

融雪剂中的盐分在土壤中降解的最长时间可达 15 年，一旦污染土壤必须进行大规模的深层换土。基于乔木根系的分布特点和不同土壤层面的化验结果，换土深度应不小于 40cm，以防止淋溶后盐分下移对植物造成更大的危害。不可用灌水稀释土壤盐碱性的方法取代换土。对于已经死亡的苗木，换土后要及时补植。

第二节　冻　　害

冻害是树木在休眠期因受 0℃以下低温，而使细胞、组织、器官受伤害，甚至死亡的现象。也可以说，冻害是树木在休眠期因受 0℃以下的低温，使树木组织内部结冰所引起的伤害。植物组织内形成冰晶以后，随着温度的继续降低，冰晶不断扩大，致使细胞进一步失水，细胞液浓缩，细胞发生质壁分离现象。另一方面，随着压力的增加，促使细胞膜变性和细胞壁破裂，植物组织损伤，导致树木明显受害，其受害程度于组织内水的冻结和冰晶溶解速度紧密相关，速度越快，受害越重。秋季过早霜冻及春季遇倒春寒气候，易发生冻害。

1. 灾前预防

①合理施肥：适当施磷钾肥、减少氮肥，防止抽梢过快，组织过分幼嫩易遭受冻害。

②灌水：由于水的热容量大，降温慢，灌水可以保护地面热量，提高空气温度，同时水温比气温高，水在植物遇冷时还会释放热量，绿地的温度就不会很快下降，此措施可有效防止冻害发生。

③覆盖：利用稻草、麦秆、草木灰等物覆盖植物，可减少地面热量的散失，起到保温作用。

④涂干：对树干进行涂白（用石灰＋石硫合剂制成膏状），防止干部因极端低温受冻开裂，同时也可以减少病虫害的发生。

⑤喷化学试剂（抗蒸腾剂）：早春芽膨大时喷萘乙酸（0.25% ~ 0.5%）、萘乙酸钾盐（25 ~ 50mg/100g），可推迟花期 5 天左右，减少冻害。3% 的石蜡类有机抑蒸发保温剂连喷 2 次，喷布后叶面形成一层分子薄膜，以抑制水分蒸腾，减少叶面细胞的失水，提高树体自身抗寒防冻能力。

⑥培土：秋末结合施农家肥，疏松表土并培土，提高地表温度，防止因低温引起土壤冻结，保护植物根茎部位。

⑦搭风障：用苇席、绿色无纺布在苗木迎风面搭建风障，可提高 3℃ ~ 5℃。风障的形式可分为包裹、建保温棚。

2. 灾后养护

①加强管理。倒春寒往往使树木的芽体、幼叶、花器和新梢等遭到不同程度的损伤，为尽快恢复树势，应加强水肥管理，补充树体营养，提高枝芽细胞液浓度，增强树体抗旱性和抗病力。花前花后追施有机肥，配合喷施磷酸二氢钾和尿素等叶面肥，连喷 2 次，以恢复树势，提高树体抗性。

②修剪受冻害枝条。早春气温稳定回升且冻害表征明显后开始修剪，在 1 ~ 2 周内完成。

③对受冻致死已丧失发芽能力的枝条、折断枝条进行剪除。

④病虫害防治。防止冻害发生后树势较衰弱而引起的病虫害的严重发生和危害。

⑤苗木补植。由于倒春寒造成死亡缺株较严重的区域，应在早春选择优良种苗进行补植。

第三节 风　害

在多风地带，树木会出现偏冠和偏心现象。偏冠会给树木整形修剪带来困难，影响树木功能作用的发挥。偏心的树木易遭受冻害和日灼，影响树木的正常生长发育。北方冬季和早春的大风，易使树木枝梢抽干枯死。春季的寒风，常将新梢嫩叶吹焦，吹干柱头，不利于授粉，并缩短花期。大风往往会使浅根冠大的树木倒伏，可能影响交通通行。见图 3-2。

图 3-2　风害

1. 环境条件与风害的关系

局部绿地因地势低洼，排水不畅，雨后绿地积水，造成土壤松软，如遇大风，风害会显著增加。风害的产生于绿地土壤质地有密切关系，如绿地土质偏沙，或为煤灰土、石砾土等，因土质结构差，土层薄，抗风力差，容易发生风害，如为壤土或偏黏土则抗风力强，产生风害小。

2. 灾前预防

①大树移栽时必须按规定要求起苗，土球绝不能小于规定的尺寸。

②新补植的乔木要设立支架，用来减小风害对苗木成活率的影响。

③施工设计时一定要注意树木的株行距，株行距不可过小。由于树木栽植过密，留

给树木根系生长发育的空间很小，致使根系生长发育不好，再加上其他养护管理措施跟不上，则风害会显著增加。

④一定要合理修剪，树木中上部的枝叶要适时修剪，避免造成树木头重脚轻的状态。对于浅根性乔木，树冠茂密时适当疏枝，减少因风倒伏的情况。

3. 灾后养护

对于遭受大风危害，折枝、损坏树冠或被风刮倒的树木，应根据受害情况，及时维护。首先对被风刮倒的树木适当修剪并顺势扶正，折断的根加以修剪填土压实，通常培土为馒头形，并立支柱。对需保留的折损大枝要顶起或吊起，捆紧基部伤面，涂药膏促其愈合，并加强肥水管理，促进树势的恢复。对难以补救者应加以淘汰，秋后重新栽植新株。

第四节 洪 涝 灾 害

北京降水多集中在7～9月份，到了雨季，低洼地或地下水位高且排水不良的绿地，遇大雨极易积水成灾，对树木生长极为不利。

1. 灾前预防

①认真做好防汛抢险准备工作：汛前准备是做好防汛工作的基础，要在思想上高度重视。必须加强对防汛工作的组织领导，实行领导负责制，争取主动，突出重点，落实措施，分解责任并制订防汛计划方案，做好物资器材及抢险队的准备工作。

②加强对桥区、排水沟、U形槽的巡查及时排除隐患：如U形槽、排水沟内有野生植物或垃圾造成排水不畅的，要对现场进行勘察，巡视人员及时上报并组织作业人员进行清理以防汛情到来时U型槽、排水沟排水不良造成绿地积水。

③加强值班确保通信畅通。汛期进入后，落实领导带班和24小时值班制度，同时要确保通信畅通，值班电话有专人看管，相关人员的手机24小时开通。接到待命抢险的指令后，抢险队伍根据指令集中，随时出动排险。

2. 灾后养护

①发生桥区绿地大面积毁损或塌方时，由责任人组织人员和物资进行抢险，如涉及到相关单位，及时通知，并将汛情及时上报。

②对倾斜倒伏的树木进行扶正培土。必要时设立支架，确保树木正常生长。

③积水太深不能及时排出时，由责任人组织人员调动水车或水泵进行排水。

④如遇树木倒伏影响交通的情况，应及时对树木进行扶正或砍伐，保证交通的畅通。

⑤汛后绿地修整。强降雨对去冬今春新修整的绿化带、绿化平台破坏较大，冲刷严重。雨后要及时组织对冲毁的绿化带、绿化平台进行修整。

⑥对因涝长势弱的植物进行追肥，促进植物健康生长。

⑦注意：抢险中确保人身安全。

第五节　高温危害

连续高温的天气会引起日灼及干旱，使植物萎蔫，严重时整株枯死。

日灼：日灼又称日烧，是由太阳辐射热引起的生理病害，尤其是在高速公路两旁、中央分隔带最为严重。高速公路中央分隔带一般宽 2 ~ 3m，两侧各有 10 余米宽的黑色的沥青路面，且基础由钢筋混凝土构成，易吸热、散热慢且热量传递也慢，路面温度最高可达 60℃ ~ 70℃，这种情况易引起树木的灼伤，严重时可使树木细胞内蛋白质凝固，破坏原生质的理化结构和机能而死亡。

干旱：高速公路绿地土层薄、土质差、保水性差，又由于黑色路面的热辐射作用，高温使树木蒸腾作用明显加强，更加剧了树木水分的蒸发，使树木缺水造成生理性干旱而死亡。尤其是中央分隔带干旱更严重。

1. 灾前预防

①植物表面喷水，对新栽种的植物特别是大树，每天早、晚对植物叶面、枝干喷水各一次。

②根部浇水，保持土壤湿润，但是浇水不能太勤，以防根部长期积水，在高温条件下容易造成烂根。

③针叶树喷聚乙烯树脂或“旱地龙”等抗蒸腾剂。

④新补植的低矮花灌木可搭建遮阴网，降低光照强度，起到降温作用。

⑤夏季为病虫害高发期，尤其是高温期间，病虫害繁衍、发病速度比一年中其他时间段要快很多。加强对病虫害的巡检，及时防治。

2. 灾后养护

①肥水管理：对高温造成树势弱的苗木，加强肥水管理，使其尽快恢复树势。

②苗木清理：高温下一些植物会出现枯萎、死亡现象，需要及时出动作业人员清理枯死苗木。

③补植：及时清理枯死苗木后，要做好统计、补植工作，第二年春季补植同种同规格苗木，恢复绿化景观效果。

第四章　绿化养护常用机械

高速公路绿化养护中常用到很多机械，这些机械的应用很大程度上提高了绿化养护的作业效率。本章介绍了割灌机、剪草机、绿篱机、油锯、浇水车、打药车、草坪打孔机、内燃式发电机组、水泵九种养护机械。通过对机械常识、使用保养要点和使用安全的介绍，使养护人员能够更好的掌握使用方法，以延长机械使用寿命，保证人员安全，降低作业成本，提高作业质量。

第一节　割　灌　机

割灌机又称割草机、机动镰，用途十分广泛，割灌机可用于割草和草坪修剪，也可用于清除杂木、幼林抚育、次生林改造等作业，见图 4-1。发动机功率约为 1.47kw。现在使用最广泛的品牌有日本丸山、日本小松、德国斯蒂尔、日本三菱、日本本田、中国美神。

图 4-1　割灌机

1. 使用保养要点

机器工作前，先低速运行几分钟再工作。机器工作时，油门正常用高速就可以了。每工作一箱油后，应休息 10 分钟，每次工作后清理机器的散热片，保证散热。

火花塞每使用 25 小时要取下来，用钢丝刷去电极上的积炭，调整电极间隙以 0.6 ~ 0.7mm 为好。

空气滤清器每使用 25 小时去除灰尘，灰尘大时应更频繁去尘。海绵滤芯的清洁采用汽油或洗涤液和清水清洗，挤压晾干，然后滴几滴机油，揉匀即可安装，如印有“DO NOT OIL”就不用加机油。

消声器每使用 100 小时，卸下消声器，清理排气口和消声器出口上的积炭。燃油滤清器（汽油滤网）每 50 小时去掉杂质。

2. 使用安全

作业前，周围 20m 以内，不允许有人或动物走动。一定要检查草地上有没有角铁、石头等杂物，清除草地上的杂物。见图 4-2。

图 4-2 割灌机使用

发动机为二冲程发动机，使用燃油为 93 号汽油和二冲程专用机油混合，混合比为 40 ：1，请严格按机器附带的配油壶配油，不能随意配油。混合油最好现配现用，严禁使用配好久置的混合油。

第二节　剪　草　机

剪草机／车是高速公路绿化养护常用的设备，主要用于草坪修剪。根据动力来源不同分为电动剪草机和汽油剪草机，根据运动方式不同分手推式剪草机和坐骑式剪草机。剪草机常见品牌为美神、凯资、本田、MTD，见图 4-3。坐骑式剪草机常见品牌为 Yard-Man 系列，见图 4-4。

图 4-3　手推式剪草机

图 4-4　坐骑式剪草机

1. 使用保养要点

剪草机使用后要及时清洗、检查，把刀盘泥土、杂物、碎草清洗干净，如不及时清理泥土、杂物、碎草会存积在刀盘内，难以清除，并影响机器的正常功能。每天清理空气滤清器内的尘土，根据工作环境不同大约 35 小时更换空气滤清器，按照说明书定期检查各个部件。加汽油时不要洒到机壳上。机器工作 50 小时更换机油，（机运转热机后，更换机油，有利于磨料排除）每次加油时检查机油线是非常重要的环节。加油后把机器上多余的机油擦掉。

修剪机安全速度为 3 ~ 5m/h。在此速度下，修剪质量最好，速度过高，剪草机不稳，剪草不匀。拐弯时减速，增加拐弯半径，以防止剪草机对草坪草的破坏。见图 4-5。

修剪草坪之前，一定要检查清除草坪内的石块、木桩和其他可能损害剪草机的障碍物。多数情况下，剪草机刀片、曲轴损伤是草坪内有大块岩石和树桩造成的。

2. 使用安全

动力修剪机具有危险性，可造成严重人身伤害。使用之前要熟悉修剪机，注意安

图 4-5 剪草机使用

全，仔细阅读随机安全说明书。穿长裤、防滑高腰劳保鞋，戴防护眼镜，防止意外伤害。在剪草之前熟悉了解各个控制部件；了解紧急情况下怎样关闭机器；清理草坪上的棍棒、石头、铁丝和杂物；操作机器时总要远离刀片；要推剪草机而不是拉剪草机；在坡上或湿草上要注意防止脚下打滑；加油时要关闭机器，等机器冷却后进行；需要修理发动机或装卸刀片时要拔下火花塞。

第三节 绿 篱 机

绿篱机又称绿篱剪，高速公路绿化养护中适用于绿篱和色带的修剪。绿篱机依靠汽油机为动力带动刀片切割转动。一般分单刃绿篱机与双刃绿篱机。常见品牌为农丰牌，日本丸山、日本小松、德国斯蒂尔、日本三菱。见图 4-6。

图 4-6 绿篱机

1. 使用保养要点

绿篱机作业前必须检查其各个部件是否有损坏的地方，各部位螺丝是否紧实。绿篱机使用燃油为 93 号气油和二冲程专用机油混全，混合比为 40 ∶1。

作业 1 小时必须停机休息 10 分钟，每次作业后及时清洁各部位零件。若长时间放置时，须将油箱及化油器的燃料全部排出。

作业 50 小时须全面进行保养 1 次。保养环节包括清理表面及内部杂物、化油器的清洗及火花塞的清洁和调整、更换老化部件等。绿篱机使用见图 4-7。

图 4-7　绿篱机使用

2. 使用安全

使用前务必认真阅读使用说明书，将机器性能及使用注意事项弄清楚：绿篱机的用途是修剪树篱、灌木，为避免发生意外事故请勿它用；在疲劳、不舒服、饮酒的情况下禁止使用；不要在室内、不通风的环境内使用。

机器需配置附属工具及钢锉、合适的燃料、替换用刀片、标示作业区域的用具。不能赤脚、穿凉鞋、穿裤脚宽大的裤子等衣物作业。

第四节　油　　锯

油锯是“汽油链锯”或“汽油动力锯”的简称。主要用于大型树木修剪和造材，其锯切部分为锯链，动力部分为汽油发动机。携带方便，操作简易，但保养和修理较复杂。常见品牌为日本小松、德国斯蒂尔、叶红、故斯人华纳。见图 4-8。

图 4-8　油锯

1. 使用保养要点

油锯使用燃油为 93 号汽油和二冲程专用机油混合，混合比为 40 ：1，请严格按机器附带的配油壶配油，不能按估计随意配油。

机器工作前，先低速运行几分钟，看润滑锯链机油成一油线，再工作。机器工作时油门放在高速上使用。

每工作一箱油后，应休息 10 分钟，每次工作后清理机器的散垫片，保证散热。火花塞每使用 25 小时要取下来，用钢丝刷去电极上的尘污，空气滤清器每使用 25 小时去除灰尘，灰尘多时去尘应增加频次。

泡沫滤芯的清洁采用汽油或洗涤液和清水清洗，挤压晾干，然后滴几滴机油，揉匀即可安装。燃料滤清器（汽油滤网）每 25 小时须清除杂质一次。

2. 使用安全

新机使用时，刀具部分应注意锯链的松紧程度，以用手提锯链能推动锯链转动、导齿与导板平行为宜，使用几分钟后注意再次张紧锯链。

作业前周围 20m 以内以及树下或树周围不允许有人或动物走动。在使用油据锯之前，一定仔细检查所锯树干或树枝中有没有原来钉入的钢钉或原来捆绑东西时所遗留下来的铁丝及杂物。

第五节　洒　水　车

洒水车一般用于高速公路中央分隔带、边坡、平台的浇灌工作。罐体容积为

4000 ~ 10000L，装水 4 ~ 10t。水枪垂直吸程大于 6m，洒水宽度大于 14m，射程大于 28m。前冲（喷）后洒，带侧喷，后置工作台，平台上安装绿化洒水高压炮（炮喷射形状可调：直冲状、大雨状、中雨状、毛毛雨状，可连续调节，最大射程 30m）。常见品牌为东风金霸。见图 4-9。

图 4-9　洒水车

1. 使用保养要点

洒水车启动前先检查车体是否有损坏，包括轮胎、车灯、顶灯、反光镜等，内部构造检查包括仪表盘、制动、加速踏板等关键部位运转是否正常。作业前需检查水泵、喷枪的工作状况，水箱有无漏水等，如有工作异常的部位必须更换后再作业，以免出现事故。

2. 使用安全

洒水车驾驶员、作业人员不能酒后作业、疲劳作业。洒水车工作中作业人员不准打闹，必须身穿道路作业标志服。道路作业时，应在作业区前后放置施工作业提示标志物。灌水时需注意水压，不允许用高压水浇灌新移栽的树木、幼树，不能冲毁树堰。

第六节　打　药　车

打药车以汽车或翻斗车为主体，安装药液箱、液泵和喷射装置等后用于打药。作业速度一般为 2 ~ 13km/h，水枪喷射高度 12 ~ 16m，药箱容积为 0.6 ~ 4.0m^3。见图 4-10。

图 4-10　打药车

1. 使用和保养要点

同浇水车。

2. 使用安全

①作业人员必须身穿正规作业服，佩戴手套、口罩、护目镜及帽子等防护用品。

②工作期间要坚持定时换岗，以免发生长时间工作导致人员药物中毒。

③不能在气候不适宜打药的天气里作业，如大风、大雨、高温时段等。

④作业期间如有人员出现头晕、恶心等症状应立即停止工作，到阴凉通风处摘掉口罩、护目镜等休息，严重者应立即送往医院治疗。

⑤作业前严禁酗酒，作业时严禁打闹。

第七节　草坪打孔机

土壤板结会阻碍空气、水和养分穿透草毡层和土层到达根系，极大地影响草坪的健康生长。草坪打孔机打孔可以缓解土壤板结，使草地通气，有助于水、肥、药等渗入土壤到达草的根部，提高草坪抗旱性和抗病虫能力。有经验表明，草坪打孔配合施以药液，可以防治发生在草坪草根部的病虫害，往往能够收到事半功倍的效果。常用品牌为绿友牌，工作效率约为 2300m^2/h。见图 4-11。

图 4–11　草坪打孔机

1. 使用保养要点

机械使用前及使用后应对机械的汽油位、机油位进行检查，保持正常状态；定期检查打孔针是否损坏，若损坏应予更换；机械每次使用后应进行清洁；机械应停放在干燥的场所。

2. 使用安全

人员上岗前须进行短期培训，使其了解机械的各个控件及工作原理，熟悉操作方法与各项安全操作规程；操作该机械时前方拖拽人员不要与机械平行，尽量在机械斜前方行进，以免后方机手推动机械速度较快误伤到前方拖拽人员，见图 4–12；使用机械作业时需清理绿地上的碎石、垃圾、杂草等杂物，以免齿轮将杂物卷入到机器内部，影响机械正常运转；如有两台或多台机器同时工作时，相互之间应拉开距离，保持不少于 5 ~ 10m 的安全距离；中断作业时应先关闭发动机；雨天不得进行作业。

图 4–12　草坪打孔机使用

第八节 发 电 机

发电机是高速公路养护作业中重要的发电设备，因其启动迅速操作方便等特征广泛应用于桥区养护、道路养护等需要临时用电的作业项目中。

1. 使用保养要点

按接线图检查电机、配电屏、电器各部连接是否正确无误，连接是否牢固可靠，绝缘是否正常。检查各操作部分是否灵活，接线是否牢固。检查控制面板、操作把手、电钮、主令开关位置是否正确，各仪表指针是否在“0”位置，总闸是否在切断位置。停放超过半个月的发电机组，启动前还要检查绝缘电阻，通常绝缘电阻不应低于 2MΩ。见图 4-13。

图 4-13 发电机

2. 使用安全

发电机空载运行不能超过 15 分钟；发电机重新投入使用停机后，要对发电机的水位、机油位、柴油位、电瓶电压、电瓶液位进行一次检查，保持正常状态；如运行在半小时内难于检查时，运行在半小时以上必须进行检查。

第九节　水　　泵

水泵是高速公路绿化养护工作中较为常见的一种机具，一般用于绿化灌溉与抽水排涝作业项目，常用的水泵品牌为日本本田。见图 4-14。

图 4-14　水泵

1. 使用保养要点

①每次使用水泵后要检查机油油位，一个月或 20 小时要更换机油。

②每次使用后检查空气滤清器，三个月或 50 小时要清洗或 300 小时后要更换滤清器。

③每年还需更换火花塞，调整气门间隙及怠速。

④每 2 年要更换燃油管，叶轮及水泵进气阀。

2. 使用安全

①发动机在运行消音器非常烫，请勿用手触摸。待发动机冷却后，再将水泵放入室内。

②起动发动机前须按照，“使用保养要点” 来检查，避免发生事故。

③不能用水泵抽吸易燃或具有腐蚀性的液体。

④将水泵放在保持通风的地方进行操作，并远离建筑物墙壁（至少 1 ～ 3m 远），防止火灾的发生。

⑤任何人不允许在无操作说明的情况下使用水泵。

第五章　病虫害防治

高速公路绿化中植物常被多种病虫害侵袭，轻则影响正常生长发育、观赏，重则引起枯萎、死亡。高速公路绿化中种植的植物，其所处的特殊自然条件和绿化形成过程决定了病虫害发生的特殊性和危害的严重性。

本章以高速公路绿化中易发生病虫害的63种植物为框架，着重介绍了与这些植物相关的共107种病虫害及相应的防治方法，以期对绿化养护有所帮助。

第一节　常绿乔木

1. 油松

（1）落叶病

【病状】此病侵染2年生针叶，初期出现黄绿相间的斑纹，到8月上旬病斑扩大，由黄绿转为红褐色，病叶开始脱落，到11月份，病叶由红褐色转黄褐色，并在病斑上产生许多小黑点，即性孢子器，在每片叶子上少则4～5个，多则10～30个。见图5-1。

图5-1　油松落叶病

发病规律：4 ~ 5 月份子囊盘陆续成熟，雨天有利于萌发和侵染。

【防治方法】

①冬态清除落叶，集中烧毁，减少侵染来源。

②喷药防治要注意，若是喷药期和子囊孢子散发期吻合，喷药的次数取决于下雨的情况。药的种类可选用 1∶1∶100 波尔多液（硫酸铜∶石灰∶水）、50% 退菌特、70% 敌克松等，浓度 500 ~ 800 倍液。

（2）油松毛虫

【生态习性】北京 1 年发生 1 代，3 月上旬开始危害，4、5 月危害最严重，6 月下旬在枝杈、针叶上化蛹，蛹期 15 天左右，7 月中旬羽化出成虫。见图 5-2。

图 5-2 油松毛虫

【防治方法】

①于 2 月底过冬幼虫上树前在树下捕捉或在树干上围宽 20cm 的塑料薄膜环，或树干喷 1000 倍的 2.5% 溴氰菊酯乳油药环，截止幼虫上树。

②幼虫危害期震荡小树或树枝，使虫落地并杀死，或采摘卵块、虫茧消灭。

③于 3、4 龄幼虫期喷 500-600 倍的每毫升含孢子 10 亿以上的 Bt 乳剂，或于低龄幼虫期喷 10 000 倍的 20% 除虫脲悬浮剂或 2000 倍的 50% 马拉硫磷乳油等。

（3）松大蚜

【生态习性】北京 1 年发生 10 多代，以卵在松针上过冬。次年 3 月底（油松顶芽开始萌发）过冬卵开始孵化，4 月中旬进行孤雌生殖。5 月中旬出现有翅胎生雌蚜，并向其他枝、干上迁移、扩散。5、6 月和 10 月危害最严重，11 月初在松针上产卵过冬，每松针上产卵 8-10 粒，顺松针排列成纵形。见图 5-3。

图 5-3 松大蚜及卵

【防治方法】

①过冬卵孵化期结合浇水可用有一定压力的水柱冲洗掉若蚜。

②及时浇水，特别是干旱季节应注意浇水以补偿因虫害造成的失水。

③可喷植物农药 1% 苦参素 1000 ~ 2000 倍液或喷 2000 倍的 20% 菊杀乳油或 1000 倍吡虫啉乳油等。

④注意保护利用草蛉、瓢虫、食蚜蝇等天敌。

（4）松叶螨

【生态习性】北京 1 年发生 10 多代，次年 4 月上旬（油松发出新梢平均 3cm 左右时）过冬卵开始孵化，4 月中旬全部孵化，5 月出现大量若螨，5-7 月为害最严重，11 月产卵过冬。高温、干旱、不通风等环境条件有利于其繁殖和危害，见图 5-4。

图 5-4 松叶螨

【防治方法】

①初发生危害期，可喷清水冲洗。

②可于过冬卵全部孵化又尚未大量产卵前喷 15000-20000 倍的 1.8% 爱福丁乳油或 800 倍的 20% 三氯杀螨醇乳油或 2000 倍的 73% 克螨特乳油等杀螨剂。

③注意保护瓢虫、草蛉、小花蝽等天敌。

④干旱季节及时浇水，补偿因螨害而造成的失水。

（5）微红梢斑螟（松梢螟）

【生态习性】1 年 2 代。3 月底至 4 月初活动取食。4 月下旬化蛹，5 月上旬羽化成虫，5 月中旬产第一代卵，5 月中旬孵化。6 月至 7 月上旬为第 2 代卵，6 月下旬至 7 月上旬孵化。多发生在 4 ~ 9 年生的树木上。见图 5-5、图 5-6。

图 5-5　松梢螟的危害

图 5-6　松梢螟蛹

【防治方法】

①春季在幼虫活动之前检查被害枯梢，及时捡出并消灭其越冬幼虫，压低虫口基数。

②喷 50% 辛硫磷乳油 1000 ~ 1500 倍液，或 50% 杀螟松乳油 500 倍液或 1000 倍毒死蜱乳油毒杀幼虫。在越冬代成虫出现时及孵化期，每 10 天喷药 1 次连续 2 次。

2. 雪松

（1）大袁蛾

【生态习性】

1 年 2 代，过冬幼虫 2 月下旬至 4 月下旬化蛹，3 月中旬至 4 月下旬羽化，随即交尾，产卵。4 月上旬至 5 月中旬为卵孵化盛期。第 2 代幼虫孵化至翌年春，幼虫化蛹羽化。见图 5-7。

图 5-7　大衰蛾危害状

【防治方法】

①人工摘除护囊，消灭幼虫。

②生物防治，用青虫菌液（含活孢 100 亿 /mL）喷雾，同时注意保护寄生蜂、寄生蝇及病原微生物等天敌。

③诱杀成虫，根据大衰蛾趋光性，用黑光灯诱杀成虫，或用大衰蛾性外激素诱杀成虫。

④药剂防治，在 2 龄幼虫盛期及时喷药，药剂有 50% 马拉松乳剂 1000 倍液或 20% 菊杀乳油 200 倍液。根据幼虫活动时间多在傍晚，故宜在傍晚喷药，虫体接触药剂机会较多，可提高药效。

（2）白星花金龟

【生态习性】1 年发生 1 代，次年 6 ~ 7 月成虫发生较多。天多雨，土壤含水量过高，幼虫常逸出土表。幼虫在土中化蛹，约需 7 天左右。羽化后在土室经 7 ~ 10 天，冲破土室而出。见图 5-8，其危害状见图 5-9。

图 5-8　白星花金龟成虫

图 5-9　白星花金龟危害状

【防治方法】

①利用成虫的趋化性，用糖醋液诱杀。

②在成虫羽化期，闷热天气，利用黑光灯诱杀。

③结合中耕、冬翻等措施杀灭幼虫或在 6 月前，成虫尚未羽化时人工除去幼虫及虫蛹。

④利用成虫入土出土习性，进行土壤处理。

（3）松墨天牛

【生态习性】1 年 1 代，成虫 6 ~ 7 月出现，5 月羽化。5 月下旬蛀虫道中，成虫、蛹、幼虫同时存在。5 月中旬成虫咬 1 个圆形羽化孔准备由此孔羽化。5 月下旬至 7 月成虫出现，为产卵期，见图 5–10。

图 5–10　松墨天牛危害状

【防治方法】

①加强栽培管理。对衰弱树、病树、枯树要及时伐除，减少天牛产卵的场所，并应做好补植，保持林间密度。

②在 5、6 月捕杀出树产卵的成虫。

③设置饵木树诱其前来产卵。在 8 月间幼虫尚在皮下蛀食时，根据被害状，剥去树皮，喷洒 85% 乙酰甲胺磷 1000 倍液，毒杀幼虫，防止蛀入木质部危害。如果已蛀入木质部，根据蛀孔，用铁丝钩出虫粪，用兽用注射器从蛀孔注入 50% 杀螟松乳油或 85%

乙酰甲胺磷 50 倍液或敌敌畏乳油 50 倍液，注药后再以泥土封固蛀孔，提高毒杀幼虫效果，防止继续蛀害。

（4）日本龟蜡蚧

【生态习性】1 年发生 1 代，翌年 5 月中旬大量产卵，若虫于 6 月上旬大量孵化，老熟雄若虫于 8 月下至 9 月上旬大量化蛹、羽化，取食植物汁液。见图 5-11。

图 5-11　日本龟蜡蚧危害状

【防治方法】

①掌握防治适宜时期，幼虫孵化末期、大量上梢危害时（5 月下至 6 月中旬），每隔 15 天左右喷药一次，连续 2 ~ 3 次。药剂可选用 40% 杀捕磷乳油 1500 ~ 2000 倍液，40% 乐果乳油 800 ~ 1000 倍液。冬态喷松脂合剂 16 ~ 18 倍液。

②结合整修枝，剪去虫枝，集中放于空地，让寄生蜂羽化飞出，在虫枝上寻找寄住寄生，以力保护天敌，并消灭虫源。

3. 云杉

云杉黄卷叶蛾（松蚜卷叶蛾）

【生态习性】1 年发生 2 代，翌年 3 月下旬至 4 月初开始活动取食。4 月下旬幼虫吐丝将 3 ~ 5 个雄球花序连成 1 束，在内化蛹。蛹期为 5 ~ 10 天，5 月初成虫羽化。第 2 代成虫在 8 月中下旬出现。幼虫蛀食腋芽、花芽和雄花，咀食针叶。见图 5-12。

【防治方法】

①剪除越冬幼虫枝干、吐丝缀束针叶及粘缀成束的雄球花序，减少虫源。

②幼虫危害期喷洒 90% 晶体敌百虫 1500 ~ 2000 倍液或 40% 嗪农 1500 ~ 2000 倍液，50% 马拉硫磷乳油 1000 倍液。

图 5-12　云杉黄卷叶蛾成虫

4. 桧柏（圆柏）

（1）锈病

【病状】

在圆柏上危害针叶、嫩梢和绿色小枝。在针叶上病斑多生于叶面，初出现黄色小斑点，微肿，所以有人称为赤星病。受害的木质化小枝病部常略肿大成梭形，以后枝病部表皮开裂，露出咖啡色的雏形或扁橛形的冬孢子堆。见图 5-13。

图 5-13　桧柏锈病

【防治方法】

①在设计时，圆柏及圆柏属植物附近尽量避免种植梨属等转主寄生，如必须种植，则力求距离较远，如能相距 10km 则更好。

②冬态至早春 2 月前修剪圆柏的枯、病枝，春季 3 月中旬后应注意剪除冬孢子角枝，并集中烧毁。

③约在 3 月下旬开始在圆柏上喷 25% 粉锈宁可湿性粉剂 2500 倍液或 2 波美度石硫合剂的混合液，每隔 10 ~ 14 天 1 次，共 3 ~ 4 次，以控制担孢子的产生和传播，如天气一直比较干燥无雨，可不喷药或减少喷药次数，反之，如阴雨天较多，则须及时喷药，一有延误常造成病害的大发生。

④秋季从 8 月份开始，在锈孢子传播、侵染圆柏等寄主时，在圆柏上可喷 1 波美度石硫合剂，或 1：1：100 波尔多液，每次间隔 7 ~ 14 天，共喷 3 ~ 4 次，或 25% 粉锈宁可湿性粉剂 2500 倍液，则间隔时间可延长至 20 天左右。

（2）双条杉天牛

【生态习性】1 年发生 1 代，来年 3 ~ 4 月间越冬成虫咬一羽化孔外出，5 月间危害韧皮部和边材部分，7 ~ 9 月间幼虫（见图 5-14）蛀入木质部，8 ~ 10 月间幼虫在蛹室内化蛹。一般 9 ~ 11 月间羽化为成虫。见图 5-15。

图 5-14　双条杉天牛卵

图 5-15　双条杉天牛成虫

【防治方法】

①于成虫卵期内，若新移栽后一些树木到发芽时迟迟不发芽，并且树叶发灰，缺少光泽，则应尽早往树干上喷 1000 ~ 1500 倍的 20% 菊杀乳油，以防止产卵。

②于 2 月底利用饵木诱杀成虫，采用直径 4cm 以上的新鲜柏树枝、干长 1 ~ 2m，10 根左右一堆，放置在弱树木下方向阳处。

（3）柏肤小蠹

【生态习性】1 年发生 1 代，4 月越冬成虫出蛰，见图 5-16，中、下旬平均温度约 20℃时为飞出高峰期。5 月幼虫老熟化蛹，10 天左右羽化为成虫，7 ~ 8 月为成虫高峰期，9 月中下旬成虫再次飞到衰弱柏树上咬皮潜入越冬。危害状见图 5-17。

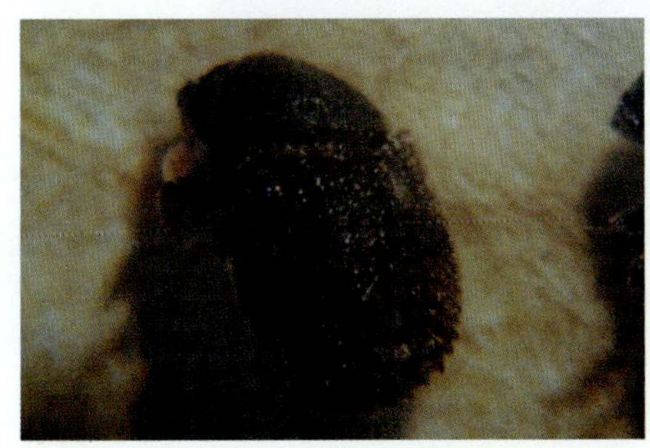
图 5-16　柏肤小蠹成虫

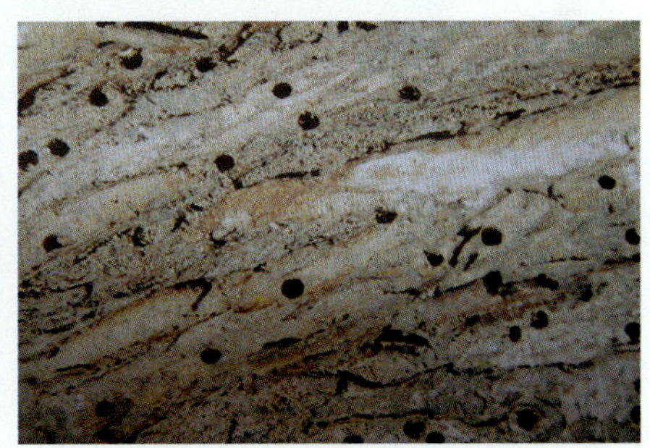
图 5-17　柏肤小蠹成虫羽化孔

【防治方法】

①加强养护管理适时合理修枝，改善林木生理状况。对弱树要及时复壮，以增强树势，提高抗性。及时清除风折枝干及虫枝，减少虫源。

②饵木诱杀　于春季（4 月上旬至 5 月中旬）与夏季（6 月中旬至 8 月）设置饵木诱杀成虫。

③保护和利用天敌　如寄生蜂、郭公虫和蒲螨等。

④药剂防治　加强虫情调查，成虫发生期喷施 20% 菊杀乳油 1500 倍液防治。

5. 侧柏

柏毒蛾

【生态习性】北京 1 年发生 2 代，次年 3 月下旬开始活动，4 月上旬（侧柏开始发芽）为幼虫活动、孵化盛期，5 月下旬开始在树叶上、树皮缝等处化蛹，蛹期 8 天左右，6 月中旬成虫羽化，7 月中旬第 1 代或第 2 代卵孵化出幼虫危害，7、8 月危害最严重。见图 5-18。

图 5-18　柏毒蛾幼虫

【防治方法】

①于低龄幼虫期喷 10000 倍的 20% 除虫脲（灭幼脲 1 号）悬浮剂或 1000 倍的毒死蜱乳油于较高龄幼虫期喷 500 ~ 600 倍的每毫升含孢子 100 亿以上的 Bt 乳剂。

②幼苗、幼树可进行人工捉蛹或直接杀死幼虫。

③必要时也可喷 1000 ~ 1500 倍的 50% 辛硫磷乳油或 2000 倍的 20% 菊杀乳油或 1000 ~ 1500 倍的 90% 敌百虫晶体等。

④灯光诱杀成虫。

第二节　落叶乔木

1. 毛白杨

（1）毛白杨黑斑病

【病状】该病一般发生在叶片及嫩梢上，以危害叶片为主，发病初期首先在叶背面出现针状凹陷发亮的小点，后病斑扩大到 1 毫米左右，黑色，略隆起，叶正面也随之出现褐色斑点，5 ~ 6 天后病斑（叶正、反面）中央出现乳白色突起的小点，即病原菌的分生孢子堆，以后病斑扩大连成大斑，多成圆形，发病严重时，整个叶片变成黑色，病叶可提早脱落 2 个月。见图 5-19。

图 5-19　毛白杨黑斑病

【防治方法】

①树冠喷雾防治。在病害初侵染前，最迟于雨季来临之前，向苗木和低矮的幼树喷 1∶1∶200 倍波尔多液、70% 代森锰锌 600 倍液、50% 多菌灵 700 倍液、70% 甲基托布津 1000 倍液等，连喷 2 ~ 3 次，控制病害发生蔓延。

②加强管理。增施有机肥、土杂肥，改善通风透光条件，增强树势，提高树木的抗病性；雨后要及时排除积水；随时清扫处理病叶、落叶，消灭病原菌。

（2）毛白杨溃疡病

【病状】初发病时多在皮孔边缘生灰色小泡，大小不等，直径约 0.5 ~ 1.5cm，破裂后流出白色液体，遇空气氧化变红褐色，小泡破裂后病斑干缩下陷，边缘呈黑褐色，中央有一纵裂小缝。小泡圆形，连片成大泡。有些小泡破裂后常在其下部生有新皮恢复健康。大泡破裂后常留下伤口，严重时病斑相连，一旦环绕树干，上部即死亡。见图 5-20。

【防治方法】

①栽培养护技术预防：注意苗木随起随栽，根、干勿失水；栽植深浅适宜，枝条修剪适度；栽后及时浇水，勿受干旱，促使树木及时发芽。壮树、老树加强浇水等养护管理，促使树木生长正常，则可基本控制该病的发生和危害。

②树干涂白。于“五一”、“十一”前对新栽生长不正常的树木或原有明显衰弱的树木可进行树干涂白，防治病菌侵染发病，或用 5 波美度石硫合剂涂或喷干。

图 5-20 毛白杨溃疡病

（3）毛白杨破腹病

【病状】主要发生在树干基部和中部，纵裂长度不一，自数厘米至数米，宽度 1 ~ 3cm，露出木质部，裂缝初形成时，表现为机械伤。春季三月份树木萌动后，逐渐产生愈合组织，但多数不能完全愈合。当树液流动时，树液不断从伤口流出，逐渐变为红褐色黏液，并有异臭。破腹病常常引起毛白杨红心。见图 5-21。

图 5-21 毛白杨破腹病

【防治方法】

①整形修剪：幼树修枝时，在树干阳面一侧有意保留几簇丛枝，有利于减轻日照和昼夜温差，破腹病发生也比较轻．

②药物治疗：发病初期可用多菌灵或甲基托布津 200 倍液涂抹病斑，均有较好的效果。涂药前若用小刀将病组织划破或刮除病斑老皮再涂药，可提高防治效果，涂药后 5 天，再用 50 ~ 100 倍赤霉素涂于病斑周围，可促进产生愈合组织，防治病斑复发。

（4）天幕毛虫

【生态习性】5 月上、中旬，幼虫转移到小枝分杈处吐丝结网，白天潜伏网中，夜间出来取食。幼虫经 4 次蜕皮，于 5 月底老熟，在叶背或树木附近的杂草上、树皮缝隙、墙角、屋檐下吐丝结茧化蛹。蛹期 12 天左右。1 年发生 1 代。以完成胚胎发育的幼虫在卵壳内越冬。第二年树发芽后，幼虫孵出开始为害。成虫发生盛期在 6 月中旬，羽化后即可交尾产卵。见图 5-22。

图 5-22　天幕毛虫幼虫

【防治方法】

①成虫有趋光性，可放置黑光灯或高压汞灯防治。

②生物防治：结合冬态修剪彻底剪除枝梢上越冬卵块。保护卵寄生蜂、鸟类及天敌，如天幕毛虫抱寄蝇、枯叶蛾绒茧蜂等。

③药剂防治：90% 敌百虫晶体 1000 倍液、50% 辛硫磷乳油 1000 倍液、25% 爱卡士乳油或 50% 混灭威乳油或 50% 对硫磷乳油 1500 倍液、50% 杀螟松乳油或 50% 马拉硫磷乳油 1000 倍液。

（5）杨始叶螨

【生态习性】北京 1 年发生 10 多代，多在枝干上过冬。次年 4 月中旬（杨树开始发芽展叶）开始活动危害，5 月下旬至 6 月上旬螨量增多，6、7 月危害严重，7 月出现大量黄叶、焦叶、落叶。高温、干旱、不通风等环境条件有利于繁殖和危害。见图 5-23。

图 5-23　杨始叶螨

【防治方法】

①于螨尚未大量繁殖增多之前，喷 800 倍的 20% 三氯杀螨醇乳油或 2000 倍的 73% 克满特乳油、功夫或尼索朗乳油 2000 倍液。

②注意保护瓢虫、草蛉、小花蝽、捕食螨等天敌。

2. 垂柳

星天牛

【生态习性】1 年 1 代，4 月下旬至 5 月上旬开始出现，5、6 月份羽化盛期至 8 月下旬。产卵期为 5 月底至 6 月中旬，长达 30 天左右。幼虫出生 30 天后蛀入木质部深 2 ~ 3cm（见图 5-24）。蛀道向上、出现排粪口。9 月下旬幼虫开始越冬，翌年 3、4 月幼虫化蛹，5 月底至 6 月初羽化。见图 5-25。

图 5-24　星天牛幼虫

图 5-25　星天牛成虫

【防治方法】

①成虫盛期，在晴天中午捕杀，在 6 ~ 7 月成虫产卵后初孵幼虫盛发阶段，及时刮除虫卵（危害处有流胶），过 9 ~ 10 天再次刮杀上次漏网的幼虫。

②冬春季若发现树干基部排出虫粪的植株，先用铁丝排了出虫粪，然后用棉球蘸 20% 乐果乳剂塞入排粪孔，再用泥土将孔口封闭，15 天后再度毒杀越冬幼虫。

③加强管理，合理疏枝修剪，使树体通风透光，降低产卵量。对天牛历年危害的尚残留很多老熟幼虫的树枝，应及早伐除烧毁。

3. 青桐

大青叶蝉

【生态习性】1 年 3 代，在南方以卵在沟边、荒丘浅草地禾本科杂草茎秆组织内越冬，在北方以卵在林木嫩梢和干部皮层内越冬。越冬卵翌年 3 ~ 4 月孵化。各代发生期为 4 月中旬至 7 月上旬；6 月中旬至 8 月中旬；7 月上旬至 7 月下旬。成虫有较强的趋光性。见图 5-26。

图 5-26　大青叶蝉成虫

【防治方法】

①加强管理，清除地边沟边杂草，结合修剪剪除被害有产卵伤痕的枝条。

②黑光灯诱杀成虫。

③药物防治，选用 50% 杀螟松 1000 倍液或西维因、速灭威可湿性粉剂 400 ~ 600 倍液毒死蜱乳油 1000 倍液。

4. 泡桐

（1）泡桐丛枝病

【病状】此病在枝、叶、干、根、花部均表现病状。常见为丛枝型、花变枝叶型。见图 5-27。

图 5-27　泡桐丛枝病

【防治方法】

①选择无病苗木栽植。

②夏季修除病枝，并在伤口处涂土霉素凡士林（1：9）药膏，然后用塑料布包扎好。

（2）泡桐龟甲

【生态习性】1 年发生 2 代，翌年 4 月中旬成虫开始活动。5 月开始产卵。10 月初产卵结束。第一代幼虫于 6 月初开始孵化，6 月中旬化蛹。6 月下旬羽化；第 2 代 7 月中旬产卵，7 月下旬开始孵化，8 月上旬末化蛹，8 月中旬开始羽化。见图 5-28。

图 5-28　泡桐龟甲若虫

【防治方法】

①清除树冠下的枯枝落叶，烧毁或翻锄树冠下的表土后，喷 50% 辛硫磷乳油 1500 ~ 2000 倍液于地面，喷后覆土，提高杀虫效果。

②成虫发生期喷 90% 敌百虫 700 ~ 800 倍液或 50% 杀螟松乳油 1000 倍液。

5. 法桐

六星吉丁虫

【生态习性】1 年发生 1 代，4 月下旬化蛹，5 ~ 6 月羽化。幼虫孵化后蛀食皮层，最后蛀入木质部，蛀道不规则，见图 5-29、图 5-30。

【防治方法】

①成虫羽化前，及时处理枯枝、死树并烧毁，消灭虫源。

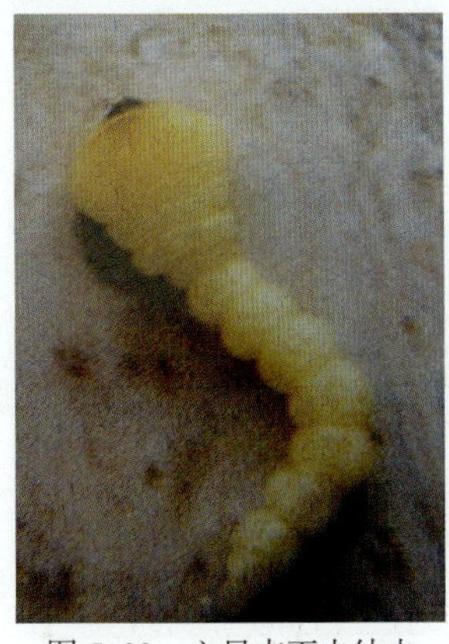

图 5-29　六星吉丁虫幼虫

图 5-30　六星吉丁虫成虫

②冬态将被害处的老皮刮去，用刀将皮层下的幼虫挖除。如幼虫已达到木质部，可用刀在被害处纵划几道，深达木质部，亦可将幼虫杀死，然后在伤口处涂上5波美度石硫合剂，保护伤口，以便很好愈合。并可防止成虫产卵。

③成虫具有假死性，在露水未干时，行动迟钝，可震动枝干使其下落捕杀。

6. 银杏

（1）银杏叶斑病

【病状】病害发生于叶片周缘，逐渐发展成扇形或楔形的病斑，褐色或浅褐，后成灰褐色，见图5–31。

图 5–31 银杏叶斑病

【防治方法】

①及时收集病叶并集中烧毁，减少侵染病源。

②在病重区，从发病初期开始，可喷65%代森锌可湿性粉剂400～600倍液，半月1次。强风过后，更应注意喷药保护，发现病虫害及时防除。

（2）银杏大蚕蛾

【生态习性】1年发生1代，以卵在枝条上、树皮越冬。成虫有趋光性，5龄后开始分散危害，见图5–32。

【防治方法】

①冬态或早春组织人力刮除寄主树下部的树皮裂缝或枝杈处虫卵。

②根据3龄前幼虫群集取食叶片的习性摘除虫叶烧毁。

③幼虫发生期喷50%辛硫磷乳油1000～1500倍液，或40%杀捕磷乳油800～1200倍液毒杀幼虫。

图 5-32　银杏大蚕蛾成虫

（3）小线角木蠹蛾

【生态习性】北京 2 年发生 1 代，以幼虫在被害枝、干内过冬。次年 4 月开始危害，6 月上中旬幼虫老熟，6 月下旬为羽化盛期。7 月上旬幼虫孵化，开始危害植株树皮、木质部。幼虫在树内危害 2 年。见图 5-33、图 5-34。

图 5-33　小线角木蠹蛾危害状

图 5-34　小线角木蠹蛾幼虫

【防治方法】

①加强养护管理，增强树势，减少和保护伤口，防止或减少树木受害。

②新栽树木一旦发现虫株及时控制，防治蔓延扩大危害。

③于幼虫危害期，往排除新粪的孔口内注射每毫升 1000 头的芫菁夜蛾线虫液杀幼虫，防效可达 95%，或 50 倍的 90% 敌百虫原药。

7. 国槐

（1）槐树烂皮病

【病状】多发生在 2 ~ 4 年生苗的绿色主茎及大树的 1 ~ 2 年生小枝上。病斑初期为水渍状，黄褐色，近圆形，后发展成梭形，长径 1 ~ 2cm 左右，较大的病斑中内稍下陷，软腐，有酒味，呈现典型的湿腐状。见图 5-35。

图 5-35　槐树烂皮病

【防治方法】

①在叶蝉发生危害期喷液，以防虫造成侵染的伤口。

②及时剪除病死枯枝，刮除主干上的病斑，并且在伤口上涂以 0.1% 升汞液进行消毒，然后再涂上涂白剂以保护伤口。

③对发病较重的大苗的绿色主干，在 3 月初用涂白剂涂刷，可防止其侵染危害。

（2）国槐尺蠖

【生态习性】北京 1 年发生 3 代，主要危害 3 次，有时有部分 4 代的。以蛹在松土里过冬。次年 4 月中旬，当日最高气温达 20℃以上并连续 7 ~ 10 天时，成虫进入羽化盛期。5 月上旬，中旬（中龄刺槐盛花期）第一代幼虫开始孵化危害，6 月下旬（栾树盛花期）第 2 代幼虫孵化危害。8 月上旬（中龄国槐花蕾开放 30% ~ 50%）第 3 代幼虫孵化危害。见图 5-36。

图 5-36　国槐尺蠖幼虫

【防治方法】

①在树木附近 4cm 左右深松土，挖蛹消灭。

②于危害期突然摇动小树或树枝，使虫吐丝下垂并用竹竿弄下杀死。

③在老幼虫下地化蛹时，扫集幼虫杀死。

④严重的可喷药防治第 1 代幼虫，于 3 龄幼虫前喷 10000 倍的 20% 除虫脲悬浮剂（灭幼脲 1 号），或 600 ~ 1000 倍的每毫升含孢子 100 亿以上的 Bt 乳剂，杀低龄幼虫。

⑤注意保护胡蜂、土蜂、寄生蜂、麻雀等天敌，也可施放赤眼蜂、鸡等来治虫。

（3）黑蚱蝉

【生态习性】4 年完成 1 代，以卵和若虫在土中越冬。卵期 1 年，若虫期 3 年，成虫期 3 个月左右。越冬卵在 5 月中旬至 6 月中旬孵化，成虫于 6 月中旬至 7 月中旬羽化。7、8 月鸣声最盛，8、9 月产卵，9 月下旬至 10 月中旬终止，寿命 70 天左右。见图 5-37。

图 5-37 黑蚱蝉成虫

【防治方法】

①6 ~ 7 月份人工搜杀刚出的老熟若虫。

②于成虫盛发期用灯光诱杀成虫。

③用蛛丝网粘于竹顶端，粘捕成虫。

④8 ~ 9 月成虫产卵期巡视，发现产卵枯枝及时剪除烧毁。防止初孵若虫入土，减少虫源。

⑤在蚱蝉发生严重地区，若虫将孵化时，在被害植株下地面、撒施 1.5% 辛硫磷颗粒剂，每公顷约 105kg，毒杀初孵若虫。

（4）国槐小卷蛾

【生态习性】北京 1 年发生 2 代，以幼虫在种子里、枝条里、树皮里过冬，次年 6 月上旬成虫羽化，6 月下旬孵化出幼虫，7 月下旬幼虫老熟化蛹，8 月上旬第 2 代幼虫孵化危害，8 月中旬危害最严重，见图 5-38。

图 5-38　国槐小卷蛾幼虫

【防治方法】

①已结籽的树木，对秋冬的幼树进行冬态修剪，剪掉虫枝处理，消灭过冬幼虫。

②用性诱剂诱杀成虫，成行成列栽植的苗木每隔 3 ~ 5 棵挂 1 个诱捕器，挂在树冠顶部外围 1.0 ~ 1.5m 处，可诱杀 10m 以内的大量成虫，同时还能起到虫情预报作用。

③于成虫产卵高峰期后 1、2 天往树冠顶端和外缘喷 1000 ~ 1500 倍的 20% 菊杀乳油，杀初孵幼虫。

8. 刺槐

（1）菟丝子

【病状】被害植株为黄色，黄白色或红褐色，无叶细藤缠绕，枝条被寄生物缠绕。幼苗被害后因生长发育不良，树势衰弱最后全枯死。3 ~ 4 年生幼树被害后仅局部枝条枯死。见图 5-39。

图 5-39　刺槐菟丝子危害状

【防治方法】

①深翻土地，将落地的种子深埋 3 ~ 5cm 以下深土，使其难于出土。

②开花前及时摘除菟丝子。

③使用“保鲁 1 号”生物制剂，每亩施用 1.5 ~ 2.5kg，于雨后阴天喷施。喷后 3 ~ 5 天菟丝子就发病，6 ~ 8 天进入发病盛期，出现萎蔫，流液症状，10 天后就死亡。

（2）桑刺尺蛾

【生态习性】北京 1 年发生 1 代，以茧内的蛹在树干基部土下树皮上过冬。次年 3 月中旬（山桃花刚显粉色，毛白杨雄花刚开）为成虫羽化盛期。4 月上旬（中龄刺槐刚发芽）幼虫孵化危害。5 月中旬为幼虫下地化蛹盛期。见图 5-40。

图 5-40　桑刺尺蛾幼虫

【防治方法】

①于蛹期在树干基部土下挖蛹，树皮上刮除茧蛹消灭。

②根据被害状或地面虫粪，人工捕杀幼虫。

③于低龄幼虫期喷 10000 倍 20% 除虫脲悬浮剂，或于较高龄幼虫期喷 600 ~ 1000 倍的每毫升含孢子 100 亿以上的 Bt 乳剂或 2000 ~ 4000 倍 50% 辛硫磷乳油或 2000 倍的 20% 菊杀乳油。

（3）黄刺蛾

【生态习性】1 年发生 2 代，翌年 5 月上旬至 6 月上旬羽化、产卵。第 1 代幼虫 5 月中旬至 6 月中旬孵化，6 月下旬至 7 月中旬结茧。成虫寿命 3 ~ 7 天。见图 5-41。

【防治方法】

①冬态整枝修剪，剪除蛹、茧、集中烧毁，结合树盘松土、施肥等措施，挖除地下其他刺蛾虫茧予以消灭。

②根据刺蛾初孵幼虫的群集性，被害叶透明枯斑，目标显著，可组织人力摘除。

③用苏云金杆菌或大衰蛾核多角体病毒等微生物农药防治刺蛾等幼虫。Bt乳剂（青虫菌等）含孢子100亿/ml以上500～800倍液喷雾。

④在刺蛾3龄幼虫以前喷药。可用50%辛硫磷乳油剂2000～3000倍液，20%除虫脲悬浮剂10000倍液、或50%马拉松乳油1000倍液。

图5-41　黄刺蛾幼虫

9. 栾树

（1）光肩星天牛

【生态习性】北京1～2年发生1代，以幼虫在被害树木里过冬。次年5月开始化蛹，5月下旬羽化出成虫，6月中旬至7月中旬为羽化盛期。7月中旬至8月下旬为产卵盛期。见图5-42。

图5-42　光肩星天牛成虫

【防治方法】

①更新一些虫多、提前衰老的枯老树，消灭虫源。

②严禁种植带虫苗木，栽后加强养护管理，发现虫害株及时控制，防止蔓延。

③ 6 ~ 7 月清晨在树木枝干上捕捉或消灭。

④虫量多的可于 6 月中旬和 7 月下旬往枝、干上特别是 4 ~ 10m 粗的枝、干处喷 2 次 1000 ~ 1500 倍的 20% 菊杀乳油或煤油敌杀死混合液（1：20）。或往树干及树坎的产卵槽上喷 500 ~ 800 倍的 20% 菊杀乳油（勿喷树叶），杀初孵幼虫。

（2）栾多态毛蚜

【生态习性】1 年发生数代，以卵在芽缝、树皮裂缝和伤疤等处越冬。翌年 3 月（栾树刚发芽）始见越冬卵孵化，卵孵化期约 7 天，较整齐。先群集在枝梢顶芽处，与树芽颜色相同。顶芽展叶时，蚜体膨胀，4 月上旬始见干母胎生若蚜，此时正是全年的主要为害期，也是防治关键期。4 月下旬大量出现有翅蚜，迁飞扩大，虫口密度大增，危害加重。嫩梢新叶布满虫，造成受害枝梢弯曲，叶片卷缩，枝干流洒蚜虫分泌物。5 月出现滞育型若蚜，树上少见该蚜为害。9 ~ 10 月滞育型蚜虫回复活动，产生有性蚜，交配后产卵，以卵越冬。见图 5-43。

图 5-43 栾多态毛蚜成蚜

【防治方法】

①加强树木养护 加强水肥管理，提高生长势。合理修剪，保持通风透光，以减少虫口密度。秋季在树干缠绕草绳，诱导冬态产卵，胸径 15cm 的栾树，平均一圈草绳可诱集 500 头受精雌蚜，对减少越冬种群密度极为有效。

②保护和利用天敌 如草蛉、瓢虫、蚜茧蜂、食蚜蝇和食蚜虻等。

③药剂防治 早春树木发芽前喷施晶体石硫合剂 100 倍液封干枝，消灭越冬卵。危害期（4 月上、中旬，有翅蚜产生前）喷施杀虫素或烟参碱喷施药剂防治。

10. 火炬树

美国白蛾

【生态习性】1 年发生 3 代，以蛹结茧，在老树皮下、地面枯枝落叶和表土内越冬。次年 5 月开始羽化，成虫发生期分别在 5 月中旬至 6 月下旬，7 月下旬至 8 月中旬，9 月中旬至 10 月上旬；幼虫发生期分别在 5 月下旬至 7 月下旬，8 月上旬至 11 月上旬，10 月初开始陆续化蛹越冬。见图 5-44 ～图 5-46。

图 5-44　美国白蛾幼虫网幕

图 5-45　美国白蛾成虫

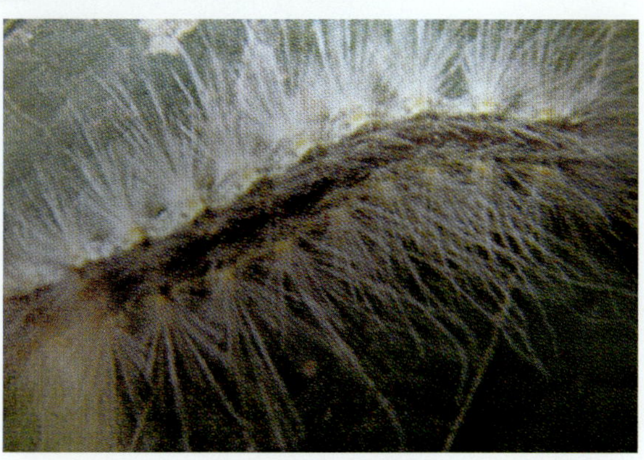

图 5-46　美国白蛾幼虫

【防治方法】

①在幼虫3龄前，发现网幕后人工剪除，并集中处理。如幼虫已分散，则在幼虫下树化蛹前，采取树干绑草的方法诱集下树化蛹的幼虫，定期集中处理。

②在幼虫危害期做到早发现、早防治。如果有幼虫危害，就要对所辖区域检查一遍，及时防治。药剂选用Bt乳剂 400倍液、2.5％溴氰菊酯乳油 2500倍液或灭幼脲3号1500～2000倍液。

11. 臭椿

（1）臭椿皮蛾

【生态习性】1年发生4代。各代于5月上旬至6月上旬，6月下旬至7月下旬，8月上旬至9月中旬，9月下旬至10月中旬。全年第1代幼虫危害最烈，5、6月幼虫孵化。次年4月上中旬始见成虫，4月中、下旬（臭椿树刚放叶时）成虫羽化。见图5-47。

图5-47 臭椿皮蛾幼虫

【防治方法】

①越冬或早春清除树枝干上的越冬茧，消灭虫源，压低虫口基数。

②检查树下虫粪和树上被害状。发现幼虫危害，及时人工振枝捕杀。

③喷施20%菊杀乳油2000倍液或50%的杀螟松乳油1000倍液或敌杀死乳油1500倍液毒杀幼虫。

④保护天敌。尤其有2种寄生蜂和寄生蝇，寄生率较高。

（2）臭椿沟眶象

【生态习性】以北京为例，该地区1年1代，以幼虫和成虫在树干内和土内过冬。

以成虫过冬的次年 4 月下旬开始外出活动，4 月下旬至 5 月中旬为成虫盛发期。5 月底幼虫孵化危害。次年 5 月间化蛹，6、7 月成虫羽化外出。见图 5-48，图 5-49。

图 5-48 臭椿沟眶象成虫

图 5-49　臭椿沟眶象危害状

【防治方法】

①注意检疫，勿栽植带虫苗木，一旦发现应及时处理或有效控制，防治蔓延扩大危害。

②利用成虫多在树干上、不善飞和假死的习性，人工捕捉成虫，或往树干基部（包括树干下部）撒 5% 西维因粉剂。

③于幼虫初孵危害期，在被害处涂抹 1∶1 的煤油、敌杀死混合液，毒杀初孵幼虫。

（3）斑衣蜡蝉

【生态习性】1 年发生 1 代。以卵在树干或附近建筑物上越冬。翌年 4 月中下旬若虫孵化危害，5 月上旬为盛孵期；若虫稍有惊动即跳跃而去。经三次蜕皮，6 月中、下旬至 7 月上旬羽化为成虫。成、若虫均具有群栖性，飞翔力较弱，但善于跳跃，图 5-50。

图 5-50　斑衣蜡蝉成虫

【防治方法】

①结合冬态修剪，刷除卵块。

②药剂防治：若、成虫发生期，可选用 50% 辛硫磷乳油 2000 倍液。

③保护利用若虫的寄生蜂等天敌。

12. 白蜡

（1）草履蚧

【生态习性】以北京为例，该地区 1 年发生 1 代，以若虫和卵在树木附近建筑物的缝隙中、砖石堆里、松渣土里等处过冬。次年 2 月开始出蛰活动，3 月上中旬为上树盛期。4、5 月危害最严重。5 月中旬雄成虫羽化。6 月上旬雌成虫开始下树寻找墙缝等处产卵并大部分孵化为幼虫过冬。见图 5-51。

图 5-51　草履蚧危害状

【防治方法】

①秋、冬态灰泥抹死墙缝，清除砖石等堆物，搞好环境卫生，消灭过冬虫卵。

②于 2 月下旬若虫上树前在树干围钉塑料薄膜环，环下口的缝隙用湿泥封严，勿使虫钻过，或在树干基部紧贴树干周围撒 25% 西维因可湿性粉剂药环，截止若虫上树危害。

③虫上树的可喷 70 倍的棉蚜皂水。

（2）白蜡窄吉丁

【生态习性】一般为 1 年 1 代。以不同龄期的幼虫在韧皮部与木质部或边材坑道内越冬。翌年 4 月上、中旬开始活动，4 月下旬开始化蛹，5 月中旬为化蛹盛期，6 月中旬为末期。成虫于 5 月中旬开始羽化，6 月下旬为羽化盛期，成虫羽化孔为“D”型。成虫羽化后在蛹室中停留 5 ~ 15 天，之后破孔而出。6 月中旬至 7 月中旬产卵，每头雌虫平均产卵 68 ~ 90 粒。幼虫于 6 月下旬孵化后，即陆续蛀入韧皮部及边材内。10 月中旬，开始在坑道内越冬，见图 5-52、图 5-53。

图 5-52 白蜡窄吉丁成虫

图 5-53 白蜡窄吉丁危害状

【防治方法】

①加强检查，防止扩散蔓延，及时伐除并烧毁受害严重植株，减少虫源。

②在成虫羽化前用 10% 吡虫啉可湿性粉剂 1000 倍封杀即将出孔的成虫，喷药部位以树干及 5cm 以上枝条为主。

13. 合欢

合欢枯萎病

【病状】症状多在雨季出现，病枝上叶片萎蔫下垂变干并萎缩；病枝上病叶有时仍为绿色或发黄，以至叶片脱落，一般枝条基部的叶片先变黄。见图 5-54。

图 5-54 合欢枯萎病

【防治方法】

①创造不利于发病的条件，如选择地势较高，排水良好的地块栽植，雨后注意排水，科学施肥，合理浇水，发现病株及时清除，并对土壤进行消毒，注意减少和保护伤口等，防止和减少病害发生。

②患病轻的植株可往根部浇 400 倍的 50% 代森铵溶液或 50% 多菌灵可湿性粉剂药液等，每平方米浇 2 ~ 4kg 药液。

14. 二乔玉兰

二乔玉兰炭疽病

【病状】病菌主要危害叶片。发病初期，在叶片上出现褪色小点，随着病害的发展，病斑扩大成圆形或不规则形，直径 6 ~ 10mm，病斑可相互愈合成大斑，病斑边缘为紫褐色，中部为黄褐至黄白色，病斑中央偶有褐黄色轮纹，并散生有小黑点，即病菌的子实体。见图 5-55。

图 5-55　二乔玉兰炭疽病

【防治方法】

①冬态结合整枝修剪，清除枯枝落叶，集中烧毁，或深埋以减少病源。

②在春末发病前喷药保护，以 1：1：100 波尔多液喷施各个枝芽，能减少侵染。在发病后马上喷 75% 百菌清可湿性粉剂 800 倍液，或 70% 甲基托布津可湿性粉剂 1000 倍液。

15. 白玉兰

吹绵蚧

【生态习性】1 年发生 2 代，以若虫和部分雌成虫越冬。由于越冬虫态不同，因此，

造成各代的产卵期、卵期及若虫、成虫的发生期差异较大，极不整齐。第一代卵早的在3月上旬即开始发生，以5月为产卵盛期，卵期约14～27天；若虫于5月上旬至6月下旬发生，若虫期约50天；成虫于6月中旬至8月中旬发生，7月中旬最盛。第二代卵于7月上旬至8月中旬发生，卵期平均10天左右；若虫于7月中旬开始发生，8～9月为盛期，若虫期长达50～100天；成虫于10月中旬开始发生，越冬虫态比较复杂，以成虫、卵和各龄若虫在主干和枝干上最多。见图5-56。

图5-56　吹绵蚧危害状

【防治方法】药剂防治可用松碱合剂，冬春用8～10倍液，夏秋用15～20倍液；也可在若虫孵化初期喷洒50%马拉松乳剂800倍液，或20%杀灭菊酯乳剂3000倍液等。由于若虫发生期延续很长，因此，要连续防治3～4次。

16. 马褂木

（1）马褂木炭疽病

【病状】病害发生在叶片上。病斑多在主侧脉两侧，初为褐色小斑，圆形或不规则形，中央黑褐色，其外部色较浅，边缘为深褐色，病斑周围常有褪绿色晕圈，后期病斑上出现黑色小粒点。见图5-57。

【防治方法】

①加强水肥管理，注意排水与通风换气，促进植株生长健壮，提高抗病力。

②发病期喷施50%苯来特可湿性粉剂1000～1500倍液，每10～15天1次，连续2～3次。

图 5-57　马褂木炭疽病

（2）中国宽尾凤蝶

【生态习性】1 年发生 2 代，蛹系于树干或杂草上越冬。翌年 5 月上旬开始羽化，中旬产卵，5 月下旬始见初孵幼虫，发育至 7 月上旬老熟，至 7 月中旬陆续化蛹，7 月下旬始见成虫。第二代于 8 月上旬开始产卵，8 月中旬至 9 月上旬陆续化蛹进入越冬期。见图 5-58、图 5-59。

图 5-58　中国宽尾凤蝶幼虫

图 5-59　中国宽尾凤蝶成虫

【防治方法】当虫口密度大时，喷施 90% 晶体敌百虫 1000 倍液、辛硫磷乳油 1000 ~ 1500 倍液敌杀死或毒死蜱乳油 1500 倍液毒杀。

17. 柿树

红蜡蚧

【生态习性】1 年发生 1 代。越冬雌虫于 5 月下旬至 6 月上旬产卵、孵化。雄若虫

于5月下旬化蛹，9月中旬羽化、交尾。见图5-60。

图5-60　红蜡蚧危害状

【防治方法】

①防治适宜时期，掌握幼虫孵化末期、大量上梢危害时（5月下至6月中旬），每隔15天左右喷药1次，连续2～3次。药剂可选用40%乐果乳油800～1000倍液。冬态喷松脂合剂16～18倍液，或在柿树发芽前在树体和枝条上喷5波美度石硫合剂。

②结合整修枝，剪去虫枝后集中放于空地，让寄生蜂羽化飞出，寻找寄主寄生，以利保护天敌。

18. 山楂

（1）茶翅蝽

【生态习性】1年发生2代，以成虫在墙壁、石块下及其他向阳背风处群集越冬。次年3月下旬开始活动，4月上旬开始产卵。第一代若虫于4月底～6月中旬孵化，6月中旬至8月上旬羽化，7月上旬至8月中旬产卵。第二代7月中旬至9月下旬孵化，9月上旬至10月中旬羽化，10月下旬如尚未羽化，则被冻死。11月中旬至12月中旬相继越冬。全年以6～8月危害最重。见图5-61。

【防治方法】

①成虫越冬期进行人工捕捉。

②若虫发生初期，于若虫未分散之前喷施 40% 乐果乳油 1000 ~ 1500 倍液。

图 5-61　茶翅蝽若虫及卵

（2）麻皮蝽

【生态习性】1 年发生 1 代 ~ 2 代，以成虫在墙缝、树皮等处越冬。次年 3 月下旬出蛰活动。4 月下旬至 5 月中旬产卵，全年 5 ~ 7 月危害最重。见图 5-62。

图 5-62　麻皮蝽成虫

（防治方法参考茶翅蝽）

（3）山楂叶螨

【生态习性】1 年发生 6 ~ 10 代，以受精雌成螨在主干、主枝和侧枝的翘皮、裂缝、根颈周围土缝、落叶及杂草根部越冬，第二年花芽膨大时开始出蛰危害，花序分离期为出蛰盛期。出蛰后一般多集中于树冠内膛局部危害，以后逐渐向外膛扩散。常群集叶背危害，有吐丝拉网习性。9 ~ 10 月开始出现受精雌成螨越冬。高温干旱条件下发生并危害严重。见图 5-63。

图 5-63　山楂叶螨危害状

【防治方法】

①萌芽前刮除翘皮、粗皮，并集中烧毁，消灭大量越冬虫源。

②出蛰期喷药：50％硫悬浮剂 300 倍液；0.2 ~ 0.3 波美度石硫合剂。

③生长期喷药：5％尼索朗乳油 2000 倍液；73％克螨特乳油 3000 ~ 4000 倍液；20％灭扫利乳油 3000 倍液。

19. 山桃

（1）大灰象甲

【生态习性】以北京为例 1 年发生 1 代，以成虫在土壤里过冬。次年 4 月上旬出土危害，4 月上旬至 5 月中旬危害最严重，5 月下旬开始产卵于折叶间。见图 5-64。

图 5-64　大灰象甲成虫

【防治方法】

①于危害期傍晚在幼苗上捕捉成虫杀死。

②于幼虫期结合整地撒施 5% 辛硫磷颗粒剂或 5% 西维因粉剂，每平方米 8g 左右，加 30 ~ 50 倍的细土拌匀。

③虫多时，于危害期可往幼苗地面上撒施 5% 西维因粉剂或往苗上喷细雾 1500 倍的 50% 辛硫磷乳油杀成虫。

（2）桃瘤蚜

【生态习性】1 年发生 10 多代，3 月下旬至 4 月中旬发生最多。4 月末产生有翅蚜飞迁至艾蒿危害，10 月下旬重返树木，11 月上旬产卵越冬。见图 5-65。

图 5-65　桃瘤蚜成虫及危害状

【防治方法】桃瘤蚜在卷叶中危害，可选用病斑，直径约 1 ~ 4mm，边缘清晰，略有环纹，外围有时呈紫色或红褐色，中央灰白色或褐色，略有轮纹。后期偶尔有病斑两面产生灰褐色霉状物，以叶背较多。

秋冬态结合修剪，彻底剪除枯枝集中烧毁，减少越冬病源，低洼地注意排湿，合理修剪以利通风透光，增施有机肥料，可选用 40% 乐果乳剂 1000 倍液，50% 马拉松乳油 1000 倍液、50% 灭蚜松可湿性粉剂 1500 倍。

20. 紫叶李

四黄斑吉丁虫

【生态习性】1 年发生 1 代，以老熟幼虫越冬，翌年 5 月中下旬，成虫陆续羽化外出，经 10 ~ 20 天，觅食花蜜、嫩叶补充营养后开始产卵。见图 5-66。

图 5-66　四黄斑吉丁虫成虫

【防治方法】

①捕捉成虫。在成虫补充营养阶段，产卵期进行人工捕捉。

②于成虫补充营养期可往树冠、树干上喷 1000 倍的 20% 菊杀乳油杀成虫。

21. 樱花

樱花褐斑穿孔病

【病状】发生在叶片、新梢和果实上。但主要危害叶片，在叶片两面产生圆形或近圆形施氮肥，促使植株生长健壮，提高抗病能力。见图 5-67。

喷药保护，在发芽前 10 天喷 1：1：100 波尔多液，生长期 5 ~ 6 月可喷 65% 代森锌可湿性粉剂 500 倍液 1 ~ 2 次。

图 5-67　樱花褐斑穿孔病

22. 西府海棠

（1）海棠腐烂病

【病状】树干感病部位初期皮层稍变褐色，病、健组织界限明显，小病斑迅速扩大，病部膨胀而软化，手压之易凹陷，并有黄褐色液体流出，病疤后期干缩凹陷成黑褐色，病皮上突出许多黑色小颗粒，即病菌的分生孢子器，遇雨或天气潮湿时，常从小黑点上溢出橙黄色丝状卷曲的孢子角，病斑严重时，枝、干上部叶片变黄以至枯死。见图 5-68。

图 5-68　海棠腐烂病

【防治方法】

①加强施肥、浇水，及时疏剪掉病枝、弱枝和过密枝，及时烧毁，并注意保护伤口，以增强树势，减少发病。

② 4 月和 8 月进行树干涂白，防止病菌侵染。

（2）桧柏—海棠锈病

【病状】主要危害海棠叶片，也能危害叶柄、嫩枝和果实。叶面最初出现黄绿色小点，扩大后呈橙黄色或橙红色有光泽的圆形小病斑，边缘有黄绿色晕圈。病斑上着生针头大小橙黄色的小点粒，后期变为黑色。病组织肥厚，略向叶背隆起，其上有许多黄白色毛状物，最后病斑变成黑褐色，枯死。叶柄、果实上的病斑明显隆起，果实畸形，多呈纺锤形；嫩梢感病时病斑凹陷，易从病部折断。见图 5-69。

图 5-69 桧柏—海棠锈病

【防治方法】

①避免将海棠、松柏种在一起。注意海棠种植区周围，尽量避免种植桧柏等转主植物，减少发病。如景观需要配植桧柏时，则以药剂防治为主来控制该病发生。

②春季当针叶树上的菌瘿开裂，即柳树发芽、桃树开花，降雨量为 4 ~ 10 mm 时，应立即往针叶树上喷洒 1：2：100 的波尔多液；波美度 0.5 ~ 0.8 的石硫合剂。在孢子飞散高峰，降雨量为 10 mm 以上时，向海棠等阔叶树上喷洒 1% 石灰倍量式波尔多液，或 25% 的粉锈宁可湿性粉剂 1500 ~ 2000 倍液。秋季 8 ~ 9 月份锈孢子成熟时，往海棠上喷洒 65% 代森锌可湿性粉剂 500 倍液。

③海棠发病初期喷 15％粉锈宁可湿性粉剂 1500 倍液或 1∶1∶200 倍波尔多液，控制病害发生。

（3）*扁刺蛾*

【生态习性】1 年发生 1 代，以老熟幼虫在土中结茧过冬，次年 4 月中旬至 5 月中旬化蛹。见图 5–70。

图 5–70　扁刺蛾幼虫

【防治方法】

①根据老熟幼虫下树结茧越冬的习性，可结合冬态翻耙树盘、施肥等措施，收集虫茧集中烧毁。

②其他方法参见“黄刺蛾”。

23. 石榴

（1）*石榴炭疽病*

【病状】受疫病感染后，果实、枝条或幼苗皆会受害。受害的幼苗感染后，先由顶部新芽发生暗绿病症、无光泽，后脱水倒伏。幼苗如被害严重，则后期全株落叶、褐黑化，全株仅余主枝残留田间。幼苗新长出的枝条因接近地面极易受害，受害枝条的绿色表皮会转变为黑褐色，而叶片褐化萎凋。见图 5–71。

【防治方法】及时清理落果、弃果，减轻发病。新植苗下雨后立刻喷施锌锰灭达乐等药剂，可快速抑制发病。但平日应该注意管理，如采取排水等措施。

图 5-71　石榴炭疽病

（2）石榴角斑病

【病状】目前仅见危害叶片，见图 5-72。初期病斑在叶面为一针眼状小黑点，后不断扩大，发展成圆形至多角状不规则斑，大小 0.4 ~ 0.5mm。后期病斑深褐色至黑褐色，边缘常呈黑线状。气候干燥时，病部中心区常呈灰褐色。一般情况下，叶面散生数个病斑，严重时可多达二十多个，导致叶片提早枯落。

图 5-72　石榴角斑病

【防治方法】

①结合冬态修剪和施肥，彻底清扫地面病残枝叶，入坑作肥，减少菌源存量。

② 5 月下旬至 7 月中旬，降水日多，病害传播快，应在晴朗日及时进行化学防治。效果较好的药剂为 20% 多菌灵硫磺胶悬剂 500 倍液喷雾，不易被雨水冲洗，保护效果良好。中后期由 25% 代森锌兑高脂膜 300 倍液喷雾保护。

24. 碧桃

（1）朱砂叶螨（又名红蜘蛛）

【生态习性】1 年发生 10 ~ 15 代，以雌螨在土块缝隙、树皮裂缝及枯枝落叶等处越冬，螨体为橙红色，体侧黑斑消失。喜群集在叶背取食，卵多产于叶背叶脉两侧或密集的细丝网下，见图 5-73。在高温干旱季节有利于此螨在发生。

图 5-73　朱砂叶螨若虫及卵

【防治方法】

①应用 20% 三氯杀螨醇乳油 800 倍液或 73% 克螨特乳油 2000 倍液或杀螨酯可湿性粉剂 600 ~ 800 倍液，或功夫乳油 1500 倍液或尼索朗乳油 1500 ~ 2000 倍液。

②其自然天敌很多，如小黑瓢虫、小花蝽、中华草蛉、塔六点蓟马等，注意保护天敌。

（2）桃流胶病

【病状】流胶病可危害碧桃每个部位，易发生在主干及主枝上，从枝干的伤口处渗出胶质物，初为半透明稀状物体，无色，随后氧化成深褐色半晶体状，被害部位逐渐变成褐色而腐烂，引起叶色变黄，树体长势衰弱，甚至导致整株死亡，见图 5-74。发生规律：一般 5 ~ 6 月为第一次发病期，8 ~ 9 月为第二次发病期，随后随气温下降病情有所减轻，直至秋末停止发病。

【防治方法】

①碧桃休眠期，即在桃树萌芽前用抗菌剂 402 的 100 倍液涂刷病斑，杀灭越冬病菌，减少浸染源，或在发芽前喷 5 波美度石硫合剂。

②在碧桃生长期 5 ~ 6 月，用 50％多菌灵 1000 倍液或 50％甲基托布津 1000 ~ 1500 倍液等，每半月喷洒 1 次，连喷 3 ~ 4 次。

图 5-74　桃流胶病

25. 红枫

褐边绿刺蛾

【生态习性】1 年发生 1 代，以老熟幼虫结茧过冬，次年 3 月中旬至 5 月上旬化蛹，5 月中旬至 6 月中旬羽化。幼虫 8 月中旬老熟结茧越冬，见图 5-75。

图 5-75　褐边绿刺蛾成虫

【防治方法】

①消灭越冬幼虫。该虫越冬期长，结合整形修剪、除草等，挖除地下茧，消除枝干茧，锤击树皮杈茧。

②灯光诱杀，在 6 ~ 8 月份进行。

③摘除虫卵，在成虫产卵期和小幼虫群集取食时，根据被害叶成枯黄膜状摘除虫卵。

④药剂防治，用 90% 敌百虫或 50% 亚胺硫磷乳油剂 1500 ~ 2000 倍液，于低龄幼虫期喷 20% 除虫脲悬浮剂 10000 倍液，均可取得防治效果。

26. 黄栌

（1）黄栌白粉病

【病状】叶片感病初期出现白色小斑点，逐渐扩大近圆形病斑，表面有白色粉状物，严重时病斑相连成片，叶正面布满白粉，叶片褪绿干枯，入秋后在病斑白粉上陆续生出由黄至黄褐最后变黑色的颗粒状子实体，见图 5-76。

图 5-76 黄栌白粉病

【防治方法】

①勿种植过密，老熟过密时应及时进行疏剪或更新老弱枝，增强树势。

②于初发病期喷 1000 ~ 1500 倍的 15% 粉锈宁可湿性粉剂或 5000 ~ 6000 倍的 75% 十三吗啉乳油，或 6000 ~ 8000 倍的 40% 福星乳油。

（2）黄栌黄萎病

【病状】与枯萎病常混合发生，症状有时难以区分。一般黄萎病先在枝条下部出现黄叶、落叶，且多在叶脉之间的叶肉变淡以呈现黄色斑驳状、叶脉部变黄，见图 5-77。病轻时白天叶萎蔫下垂，夜晚恢复原状；枯萎病则多优先从枝条顶端开始出现叶片枯黄，叶脉也黄化呈网状。丛生黄栌患黄萎病往往先在一两株植株上表现出病状，逐渐蔓延至整丛枯死。受害的根、干、枝的皮下木质部和导管内都有黑色条纹。

图 5-77　黄栌黄萎病

【防治方法】

①从无病株上采用插穗、芽、分根等作繁殖材料。

②加强中耕松土，注意排水，增强树势，减少发病条件。

③发现病株重者进行伐除处理，并对土壤用 70% 的五氯硝基苯粉剂按每平方米 4 ~ 69 的药进行消毒；轻者可浇灌 200 ~ 400 倍 50% 的多菌灵可湿性粉剂或 50% 代森铵溶液，每平方米用量为 2 ~ 4kg。

27. 紫荆

（1）紫荆枯萎病

【病状】病菌从根部侵入，沿导管蔓延到植株顶端。地上部先从叶片尖端开始变黄，逐渐枯萎、脱落，并可造成枝条以至整株枯死。一般先从个别枝条发病，后逐渐发展至整丛枯死。剥开树皮，可见木质部有黄褐色纵条纹，其横断面导管周围可见到黄褐色轮纹状坏死斑。见图 5-78。

【防治方法】

①加强养护管理，增强树势，提高植株抗病能力。

②及时除去重病株，并用少量 10％五氯硝基苯粉剂消毒，或 2％硫酸亚铁水溶液浇灌，以浸湿周周土壤为宜。

③可用 50% 福美双可湿性粉剂 200 倍或 50% 多菌灵可湿粉 400 倍，或用抗霉菌素 120 水剂 100ppm 药液灌根。

④幼苗发病初期，用 50％代森铵水剂 300 倍液，或 2％硫酸亚铁水溶液浇灌，以药液润湿土层 10mm 左右为宜。

⑤加强肥、水管理，使植株生长健壮，以增强抗病力。避免使用不腐熟肥料，以减少病菌侵染的机会。

图 5-78　紫荆枯萎病

(2) 紫荆角斑病

【病状】主要发生在叶片上，病斑呈多角形，黄褐色至深红褐色，后期着生黑褐色小霉点，见图 5-79。严重时叶片上布满病斑，常连接成片，导致叶片枯死脱落。 发病规律：为真菌性病害，病原菌为尾孢菌、粗尾孢菌两种。一般在 7 ～ 9 月发生此病。多从下部叶片先感病，逐渐向上蔓延扩展。植株生长不良，多雨季节发病重，病原在病叶及残体上越冬。

【防治方法】

①秋季清除病落叶，集中烧毁，减少侵染源。

②发病时可喷 50％多菌灵可湿性粉剂 700 ～ 1000 倍液，或 70％代森锰锌可湿性粉剂 800 ～ 1000 倍液，或 80％代森锌 500 倍。10 天喷 1 次，连喷 3 ～ 4 次有较好的防治效果。

图 5-79　紫荆角斑病

28. 紫薇

（1）紫薇白粉病

【病状】主要侵害紫薇的叶片，嫩叶比老叶易感病。嫩梢和花蕾也易受侵染。叶片展开即可受侵染，见图 5-80。发病初期，叶片上出现白色小粉斑，扩大后为圆形病斑，白粉斑可相互连接成片，有时白粉层覆盖整个叶片。叶片扭曲变形，枯黄早落。发病后期白粉层上出现由白而黄，最后变为黑色的小点粒。

图 5-80　紫薇白粉病

【防治方法】

①秋季清除病枯枝、落叶并销毁；生长季节及时摘除病芽、病叶和病梢。

②发病时喷洒 25% 粉锈宁可湿性粉剂 3000 倍液；80% 代森锌可湿性粉剂 500 倍液有效。药剂应交替使用。

（2）紫薇绒蚧

【生态习性】1 年 2 ~ 3 代。4 月老熟雄若虫化蛹羽化，并与雌虫交配，交尾后不久死亡。雌成虫于 5 月上旬开始产卵。第 1 代若虫于 5 月下旬至 6 月上旬孵化。第 2 代雌成虫于 8 月上中旬大量产卵。8 月下旬至 9 月上旬若虫大量孵化，发育不整齐，有世代交替重叠现象。见图 5-81。

图 5-81　紫薇绒蚧危害状

【防治方法】

①结合修剪，除去并烧毁有虫枝。

②用竹片或毛刷刮去树干、枝条有虫枝。

③若虫孵化末期，可连续喷药 2 ~ 3 次，选用 25% 亚胺硫磷 600 ~ 800 倍液或 40% 杀捕磷乳油 1500 ~ 2000 倍液。

④保护天敌。有较多的红点唇瓢虫时可暂时不喷药。

29. 木槿

棉蚜

【生态习性】1 年发生 20 代，以卵在木槿枝条上越冬，见图 5-82。翌年春 3 ~ 4 月孵化，4 ~ 5 月产生有翅胎生雌蚜，晚秋 10 月间产有翅迁移蚜。

图 5-82　棉蚜危害状

【防治方法】

①保护利用天敌。除自然界生存的天敌应予以保护外，有些瓢虫、草蛉等已能大量人工饲养后适时释放。

②药剂防治，可用 25% 鱼藤精、40% 硫酸盐精等稀释 800 ～ 1200 倍液。

第三节　灌　　木

1. 珍珠梅

梨圆盾蚧

【生态习性】1 年发生 3 代。以 1 ～ 2 龄若虫及少数受精雌成虫在枝干上越冬。翌春树汁流动时继续危害。4 月中旬雄虫化蛹，5 月上、中旬羽化，交尾后即死亡。雌虫再继续取食，6 月上、中旬至 7 月上旬越冬代雌成虫陆续产仔。第一代雌成虫产仔期为 7 月下旬至 9 月上旬，第二代在 9 月至 11 月上旬。梨圆盾蚧若虫大多是雌雄交尾后胎生，也有孤雌胎生的，每雌虫可产仔 54 ～ 108 头，最多 362 头。初龄若虫孵出后即爬向嫩枝、果实或叶片，1 ～ 2 天找到适当部位后将口器插入寄主组织固定，不再移动，分泌蜡质，逐步形成白色介壳。枝干向阳面介壳群落较多，见图 5-83。

图 5-83　梨圆盾蚧危害状

【防治方法】

①休眠期防治。在发芽前，喷洒 5％柴油乳剂或 3.5％煤焦油乳剂，也可喷 5 波美度石硫合剂。

②生长期防治。在越冬代和第一代雌成虫产仔期和 1 龄若虫扩散期，喷洒 0.3 波美度石硫合剂，20％杀灭菊酯乳油或 2.5％敌杀死乳油 3000 倍液。

2. 榆叶梅

桃粉蚜

【生态习性】1 年发生 10 ~ 20 代，以卵在枝条皮缝隙间越冬，见图 5-84。芽萌发时开始孵化，群集于嫩梢和叶背危害。5 ~ 6 月繁殖最快，7 ~ 8 月产生有翅迁移蚜。

【防治方法】于萌芽期，在越冬卵孵化高峰喷药防控。可选用 50% 抗蚜威 2000 倍液、50% 辛硫磷乳油 2000 倍液等。

图 5-84　桃粉蚜危害状

3. 金叶女贞

棉大卷叶螟

【生态习性】1 年发生 3 ~ 4 代，5 ~ 10 月为幼虫危害期，以北京为例 8 月中旬在该地区可见到各种虫态。以幼虫在杂草丛中、枯枝落叶层、粗皮缝中越冬。翌年春季化蛹，4 ~ 5 月成虫多在夜间羽化，趋光性较强，雌蛾将卵产在叶背面，以叶脉边缘为多，卵粒数量不等，卵期约 4 天。幼虫共 6 龄。初孵幼虫食叶肉，留下表皮，幼虫较活跃，3 龄后分散危害，有转移危害习性。幼虫吐丝将叶片卷成筒状，在其内取食为害，造成叶片破烂不堪，见图 5-85。排粪和化蛹均在筒内，蛹期约 7 天。4 月下旬至 11 月上旬为幼虫危害期，11 月下旬越冬。

图 5-85　棉大卷叶螟危害状

【防治方法】

①人工防治：剪除卷叶螟的筒状叶，消灭幼虫，以减少下代危害。

②药剂防治：病害严重时，喷施 20％桃小灵乳油或 20％菊杀乳油 2000 倍液防治，以压低虫口密度，减轻损失。如果已经卷叶成筒，最好采用内吸性药剂防治。

4. 黄刺玫

蔷薇三节叶蜂

【生态习性】1 年发生 2 ~ 3 代，均以幼虫在寄主下的土中结茧越冬。来年 4 ~ 5 月羽化成虫。成虫产卵于半木质化的枝条中，产卵痕长 2cm 左右，呈线状。每处产卵 20 多粒，单雌产卵量 50 多粒。卵期 10 天。以北京为例，该地区 6 月发生一代幼虫，8 月发生二代幼虫，见图 5-86。9 月底，幼虫入土做茧越冬。幼虫在低龄阶段有群聚为害的习性，常 10 多头在一起生活。

图 5-86　蔷薇三节叶蜂幼虫

【防治方法】

①人工捕捉：当低龄幼虫群聚为害时，摘除有虫叶片。

② 喷药防治：当虫量较大时喷药防治，可使用 20% 灭扫利（甲氰菊酯）乳油 2000 倍液、20% 速灭杀丁（氰戊菊酯）乳油 1500 倍液、2.5% 敌杀死（溴氰菊酯）乳油 2000 倍液、10% 氯氰菊酯（或 5% 高效氯氰菊酯乳油）1500 倍液、25% 灭幼脲 3 号悬浮剂 2000 倍液、20% 杀蛉脲悬浮剂 10000 倍液。

5. 丁香

小黄卷叶蛾

【生态习性】世代重叠，多以幼虫越冬（卷叶内），见图 5–87。越冬幼虫于翌年 3 月上旬成熟化蛹，3 月中旬羽化为成虫，随即产卵于叶片正面，少数产在叶背面。卵期 18 天左右，初孵幼虫于 3 月下旬至 4 月上旬盛发（开花前至幼果期）。

图 5–87 小黄卷叶蛾成虫

【防治方法】

①结合冬态修剪剪除病虫枝及纤弱枝，及时处理好地上的枯枝落叶，铲除杂草，以减少虫源。

②在幼虫、卵盛发期经常巡视，及时捕杀幼虫和蛹，摘除卵块，特别是冬态根据幼虫啃食叶背形成黄斑叶，进行人工捕杀效果最好。

③早春用糖酒醋液（红糖 1 份，黄酒 1 份、醋 1 份、水 4 份）诱杀成虫；或于成虫盛发期，用黑光灯诱杀（40 瓦 / 0.3 公顷·支）。

④一、二代成虫产卵盛期释放玉米螟赤眼蜂防治，每代放蜂 3 ~ 4 次，5 ~ 7 天 1 次，25000 头 / 亩·次。或喷布 Bt 乳剂 1000 倍液或青虫菌 6 号液剂 1000 ~ 1500 倍液。

⑤药剂防治。花谢后的幼果期选用：50 % 杀螟硫磷乳油或 90 % 晶体敌百虫 800 ~ 1000 倍液，或 25 % 杀虫双水剂 600 ~ 800 倍液，或 100 亿 / 克青虫菌粉剂加 90 % 晶体敌百虫 1∶0.7 对水配成 1500 倍液，或 20 % 氰戊菊酯、10 % 氯氰菊酯乳油 2000 ~ 3000 倍液喷洒 1 ~ 2 次。

6. 紫穗槐

褐盔蜡蚧

【生态习性】1 年发生 2 代，以 2 龄若虫在枝干缝隙、叶痕等处越冬，见图 5-88。春季萌芽时，越冬虫转移到枝条上固定危害，虫体逐渐膨大，并排泄出大量黏液，5 月上、中旬体壁硬化，产卵于体下，产卵结束后雌虫干缩死亡，介壳内充满虫卵。5 月下旬至 6 月下旬孵化出第一代若虫，从介壳下爬出，迁移至叶背固定，脱皮为 2 龄，6 月中旬又迁移到枝条为害，7 月发育为成虫并产卵。第二代若虫发生于 8 月上、中旬，迁移到叶和嫩梢为害，于 10 月 2 龄若虫迁移到枝条上越冬。

图 5-88　褐盔蜡蚧

【防治方法】

①保护和利用天敌，增加天敌的数量，尽量少用化学农药。

②药剂防治要掌握两个喷药的时机，即早春越冬若虫转移期和 6、8 月两代若虫孵化迁移扩散期。可以用石硫合剂、辛硫磷等药物进行防治。

7. 迎春

迎春花黑霉病

【病状】植株感病后，整株黄化，枯死。该病主要侵染叶片、嫩茎、花器等部位。多在叶尖、叶缘处发生，见图 5-89。发病初期叶片出现水浸状斑点，以后逐渐扩大，变成褐色并腐烂。后期，病斑表面形成灰黄色霉层。茎部感病后，病斑呈褐色，逐渐腐烂。花器被侵染后也成为褐色，腐烂脱落。在潮湿的条件下，病部出现灰色霉层，这是该病的一大特征。该病以菌核在病残体和土壤内越冬。气温 20℃左右、空气湿度大时易发病。通过风雨、工具、灌溉水传播。

图 5-89　迎春花黑霉病

【防治方法】

①种植密度要合理。注意通风，病叶、病株及时清除，以减少传染源。

②发病初期喷洒 50％速克灵或 50％扑海因可湿性粉剂 1500 倍液。最好与 65％甲霉灵可湿性粉剂 500 倍液交替施用，以防止产生抗药性。

8. 连翘

连翘叶斑病

【病状】病斑多发生于叶尖、叶缘，初为淡褐色小斑，后扩大呈不规则形，红褐至黑褐色，边缘有深褐色的病斑，可达叶的一半，病斑上散生小黑点。即病原菌的分生孢子器，见图 5-90。

图 5-90　连翘叶斑病

【防治方法】发病期间喷 1% 波尔多液，或 50% 多菌灵 500 倍液，或 75% 百菌清 500 倍液。

9. 凤尾兰

凤尾兰炭疽病

【病状】病菌发生在叶片上，叶片两面生暗褐至黑褐色圆形或不规则形病斑，终见凹陷，边缘隆起，散生小黑点，干燥时病斑皱缩，引起纤维断裂，见图 5-91。

图 5-91　凤尾兰炭疽病

【防治方法】剪除病叶烧毁，适当施增磷钾肥；喷药预防，发病初期开始连续喷 1% 波尔多液预防，或 70% 托布津 1000 倍液，或 50% 福美双 600 倍液。

10. 丰花月季

（1）月季白粉病

【病状】危害叶片、嫩梢、花蕾及花梗等部位，见图 5-92。嫩叶感病后，叶片皱缩、卷曲呈畸形，有时变成紫红色，老叶感病后，叶面出现近圆形，水渍状褪绿的黄斑，与健康组织无明显界限，叶背病斑处有白色粉状物，严重受害时，叶片枯萎脱落。嫩梢及花梗受害部位略膨大，其顶部向地面弯曲。花蕾受侵染后不能开放，或花姿畸形。受害部位的表面布满白色粉层，这是白粉病的典型特征。

图 5-92　月季白粉病

【防治方法】

①加强栽培管理，注意土壤湿润及时浇水；合理施肥，氮肥不宜过多，应适当增施钾、钙肥，以增强植株长势，保持健壮的植株。适时修剪整形，去掉病梢、病叶，改善植株间通风、透光条件。

②早春发芽前喷 3 ~ 4 波美度石硫合剂，可消灭在芽鳞内的越冬病菌；春季生长期交替使用 500 ~ 800 倍的代森锰锌、百菌清、多菌灵、托布津各一次（波尔多液、石硫合剂也行），发病期可喷 70% 甲基托布津 1000 ~ 1500 倍液，或 15% 粉锈宁可湿性粉剂 1000 倍液，或国光三唑酮、国光英纳等均有良好的防治效果。粉锈宁的残效期可达 20 ~ 25 天，喷药后受害部位的白粉层变暗灰色，干缩并消失。

（2）月季黑斑病

【病状】该病主要为害月季叶片，也可侵染叶柄、花梗、花和嫩梢等。发病时，在叶上形成褐色至黑色近圆形或不规则形病斑，直径为 2 ~ 12 mm，病斑边缘呈放射状；有时叶柄、花梗和花萼上也会出现与叶上相同的病斑，见图 5-93。花瓣受侵后常形成红色小斑点。嫩梢受害后形成紫红色至黑色稍隆起的不规则病斑。发病后期，仔细观察病组织可见其上着生许多小黑点，此即为病菌的分生孢子盘。在分生孢子盘上有时还可见白色粘滑的分生孢子盘。有的月季品种病斑周围组织变黄，有的则在病斑与黄色组织之间夹杂部分绿色组织。发病严重时，常造成大量落叶，花量减少，降低了月季的观赏及经济价值。

图 5-93　月季黑斑病

【防治方法】

①选用抗病良种。

②清除病原。坚持每年清除枯枝落叶、病叶，以减少侵染病原。

③增强抗性。加强管理，合理施肥，增施磷钾肥，不用喷淋方法浇水，适度修剪，松土培土，提高根系活力，提高长势，增强植株抗病力。

④药剂防治。翌年开春在萌发前，喷晶体石硫合剂 100 倍液。夏季新叶刚展开时开始喷药直至冬态。发病初期交替喷 75% 百菌清可湿性粉剂 1000 倍液，或 45% 噻菌灵（特克多）悬浮剂 500 ~ 600 倍液，40% 氟硅唑或 25% 腈菌唑乳油 800 倍，或 40% 多硫悬浮剂或 50% 炭疽福美可湿性粉剂或 50% 复方硫菌灵可湿性粉剂 800 倍液、70% 甲基托布津 700 ~ 1000 倍液、50% 退菌特可湿性粉剂剂 800 ~ 1000 倍液，80% 代森锌 800 倍液、12.5% 得清（斑节脱）乳油 1000 倍液，雨季 7 天喷 1 次，平常生长期和梅雨季节 7 ~ 10 天喷 1 次，连喷 4 ~ 5 次，可控制病害蔓延。发病严重时，可喷 70% 可杀得、30% 氧氯化铜悬浮剂 800 倍，75% 百菌清 500 倍，12.5% 得清乳油 1000 倍液，连喷 3 ~ 5 次，7 ~ 10 天喷 1 次。其中以 12.5 % 得清（斑节脱）乳油 1000 倍液，75% 百菌清 500 倍液防治抗效果最好。

（3）月季灰霉病

【病状】叶片、嫩枝和花梗均可受害。叶上病斑初为紫褐色至褐色小点，后扩展成直径 1.5 ~ 13mm 的圆斑，黑色或深褐色，边缘纤毛状，但个别品种上边缘也可整齐光滑。病斑周围常有黄色晕圈包围，见图 5-94。在放大镜下，病部可见黑色疱状的小粒体，病斑往往几个相连，病部周围叶大面积发黄，使得病斑成为带有绿色边缘的小岛。病叶容易脱落，但有些月季品种却不脱落。幼嫩枝条和花梗上产生紫色到黑色条状斑点，微下陷。病害严重发生时，整个植株下部及中部片全部脱落，仅留顶部几张新叶。

图 5-94　月季灰霉病

【防治方法】

①随时清扫落叶，摘去病叶，以减少侵染来源。冬态对重病株进行重度修剪，清除病茎上的越冬病原。

②药剂防治。夏季新叶刚刚展开时，即应开始喷药，一般 7 ~ 10 天 1 次。使用的药剂有 50% 多菌灵可湿性粉 500 ~ 1000 倍液，或 75% 百菌清可湿性粉剂 500 倍液，或 80% 代森锌可湿性粉剂 500 倍液，或 1：1：100 倍波尔多倍液，或 70% 甲基托布津 1000 ~ 1200 倍液。冬态修剪后也可喷波美 3 ~ 5 度的石硫合剂，以铲除病菌。

11. 小叶黄杨

黄杨绢野螟

【生态习性】1 年发生 3 代，幼虫在两张叶片构成的巢内越冬。越冬代幼虫 3 月下旬开始活动取食，见图 5-95 和图 5-96。【防治方法】

①成虫产卵期，每隔 2 ~ 3 天检查和摘除卵块 1 次，在早晨或傍晚太阳斜射时检查较易发现。

②幼虫危害期喷布 50% 杀螟松乳剂 1000 倍液，或 50% 辛硫磷乳剂 1000 ~ 1500 倍液，或杀螟杆菌 200 ~ 400 倍液。

图 5-95　黄杨绢野螟危害状

图 5-96　黄杨绢野螟幼虫

12. 大叶黄杨

（1）大叶黄杨白粉病

【病状】多分布于大叶黄杨的叶正面，也有生长在叶背面的，见图 5-97。单个病斑圆形，白色，病斑扩大相互愈合之后不规则。将表面的白色粉状菌丝和孢子层拭去时原发病部位呈现黄色圆形斑。严重时新梢感病可达 100%，有时病叶发生皱缩，病稍扭曲畸形、萎缩。

【防治方法】

①适当疏枝增强植株通透性，勿密度过大等。

②药剂防治，可喷 20% 粉锈宁 2000 倍液，或 20% 托布津、50% 多菌灵 200 倍液，在病害开始出现时就立即进行，10 天左右重复 1 次，喷 4 ~ 5 次。

图 5-97　大叶黄杨白粉病

（2）大叶黄杨叶斑病

【病状】病害发生时在新叶上产生黄色小斑点，后扩展成不规则的大斑，可达 1.5cm，病斑边缘隆起，褐色边缘较宽，在隆起的边缘之外，还有延伸的黄色晕圈。见图 5-98。

图 5-98　大叶黄杨叶斑病

【防治方法】

①冬态彻底清除有病落叶，集中烧毁或深埋，减少病源。

②选取健壮苗木营造绿篱或制作黄杨球。

③发病季节喷1%波尔多液，或50%苯来特可湿性粉剂1000～1500倍液，或50%多菌灵500倍液，或75%的百菌清500倍液有效果。发病率及落叶数均大为降低，每10～15天喷药1次，连续2～3次。或以200倍的无毒高脂膜喷4次也有效果。

13. 沙地柏

柏小爪螨

【生态习性】北京一年发生十多代，以卵在柏叶上过冬。次年4月上旬过冬卵开始孵化，4月下旬开始产第一代卵，5月上旬第一代若螨孵化出危害，并吐丝拉网开始严重。高温干旱有利于其繁殖，5～7月最严重。见图5-99。

图5-99　柏小爪螨的成螨和若螨

【防治方法】

①可于过冬卵全部孵化又尚未大量产卵前喷15000～20000倍的爱福丁乳油。

②注意保护瓢虫、草蛉、小花蝽等天敌。

③干旱季节及时浇水，补偿因螨害而造成的失水。

14. 绣线菊

大红蛱蝶

【生态习性】1年发生2代，于2月上中旬外出活动，3月初开始产卵，4月下旬化蛹始期，5月初为化蛹盛期，10月中旬出现第2代成虫，大多数于冬寒时入蛰，少数个体年内可见产卵，但不能完成发育。第2代成虫出现于7月中旬。见图5-100。

图 5-100　大红蛱蝶成虫

【防治方法】

①经常摘除有虫叶片和虫蛹。

②喷施每毫升含孢子 100 亿以上的青虫菌或浓缩液 400 ～ 600 倍液，如另加茶枯饼效果更好。

第四节　花卉及地被植物

1. 大花秋葵

棉铃虫

【生态习性】北京一年发生 3 代，以蛹在土中过冬。温度 15℃以上时开始羽化，成虫多产卵于嫩枝嫩梢上，卵期 3 ～ 7 天，完成一代约需 35 ～ 43 天，5 月下旬开始出现幼虫危害，见图 5-101。初孵幼虫先危害嫩叶尖及小花蕾，稍长大后即钻入嫩蕾、花朵中危害花粉。

【防治方法】

①少量危害时人工捕捉幼虫杀死。

②搞好花卉附近的卫生，挖过冬蛹，消灭虫源。

③幼虫初孵期喷 1200 的 50% 辛硫磷乳油，杀初孵幼虫。

图 5-101　棉铃虫幼虫

2. 玉簪

灰霉病

【病状】发生于茎部、叶柄及花梗上，初期病斑较小，呈长条形，直径 3 ~ 12mm，中央灰白至灰褐色，边缘红褐色，叶斑至后期常穿孔。见图 5-102。

图 5-102　灰霉病

【防治方法】

①加强养护管理，清除病残株，集中处理，减少侵染病源。

②发病前喷施 50% 炭疽福美 500 倍液，或 50% 苯莱特可湿性粉剂 1000 倍液。

3. 芍药

（1）芍药轮纹病

【病状】主要危害叶片，开始时叶表面出现大小不同的苍白色斑点，后为圆形或近圆形斑点，直径 3 ~ 7mm，褐色，病斑呈同心轮纹状扩展，呈黄褐色至暗褐色，多个病斑连结成不规则状，后期病斑干枯并覆盖黑色霉层。见图 5-103。

图 5-103　芍药轮纹病

【防治方法】

①发病初期，随时摘除病叶，注意株间通风透光，秋末彻底清除残株及落叶。

②喷施 50% 代森锌 500 倍液，或 50% 苯莱特可湿性粉剂 1000 ~ 1500 倍液，每 10 ~ 15 天喷药 1 次。

（2）芍药红斑病

【病状】主要危害芍药叶片、嫩茎、也危害叶柄、叶脉、花及果实等。叶面最初出现褪绿色、略突起的圆形小点，随后逐渐扩展成直径为 7 ~ 12mm 暗紫红色，圆形至不规则形大斑，多具有淡褐色轮纹，病斑边缘不明显。叶背病斑为淡褐色，遇多雨潮湿天气，其上产生暗绿色霉层。见图 5-104。

【防治方法】

①冬态应彻底清除病株残茎、病果壳等；在不伤及株芽的前提下，尽量剪除病株的地上部分，将并残体集中销毁；或剪除病株后，在生病区域于冬态垫肥土 15cm 左右，能促进地面病残体的腐烂，隔离越冬病源，降低翌年春天的传播作用。

②早春芍药萌动前，可喷洒 3 ~ 5 波美度石硫合剂或 25% 多菌灵可湿性粉剂 600 倍

液 1 次杀死越冬病菌；展叶后，每隔 10 ~ 15 天喷洒 1 次 50% 多菌灵可湿性粉剂 1000 倍液。连续喷 3 ~ 4 次，有较好的效果。

图 5-104　芍药红斑病

4. 萱草

蝼蛄

【生态习性】3 年完成一个世代，以成虫和若虫在土中越冬。翌年春 3 ~ 5 月越冬成虫开始活动。5 ~ 6 月产卵，6 月下旬至 7 月中旬为产卵盛期，7 月中下旬若虫孵化。9 ~ 10 月 8 ~ 9 龄若虫开始越冬。次年秋变为成虫，并以成虫越冬，见图 5-105。若虫共 13 龄。

图 5-105　蝼蛄

【防治方法】

①灯光诱杀成虫。

②发现有受害植株，可用 50% 辛硫磷乳剂 1000 ~ 1500 倍液进行泼浇，毒杀成虫、若虫。

③毒饵诱杀。用 40% 乐果乳油 90% 晶体敌百虫 10 倍液，拌炒香的麦麸、谷壳、豆饼 50kg，制成毒饼，于傍晚撒在根际周围毒杀。

5. 鸢尾

鸢尾叶斑病

【病状】这种叶斑病引起独特的“眼斑”，大小病斑相似，逐渐连片，中心浅灰色，边缘深褐，病斑多发生于叶片上半部。见图 5-106。

图 5-106　鸢尾叶斑病

【防治方法】发病前喷 1% 波尔多液保护，发病后喷 75% 代森锰锌 500 倍液或 50% 甲基托布津加 80% 敌菌丹可湿性粉剂（1000 倍液 +500 倍液）混合施用。

6. 常夏石竹

石竹灰霉病

【病状】主要发生在花瓣和花蕾上，茎叶也会被感染，见图 5-107。花瓣在芽中或开放后均感病，发病初期花瓣边缘开始出现淡褐色水渍状，花瓣常被灰色霉菌粘连在一起，其上布满灰色粉状孢子层，最后枯死。

图 5-107　石竹灰霉病

【防治方法】

①改善生态环境能控制病害发生，如通风透光，降低空气湿度，避免直接喷浇，清除病株减少侵染来源。

②发病初期施 50% 多菌灵 500 倍液或 50% 氯硝铵 1000 倍液。

7. 荷兰菊

菊花灰斑病

【病状】病菌侵染叶片，多从叶尖、叶缘发生，病斑呈圆形、半圆形或不规则形，中部暗灰色。病斑两面生小霉点，边缘有褐色隆起的线纹。见图 5-108。

图 5-108　菊花灰斑病

【防治方法】

①合理浇水，勿使泥土飞溅到叶片上，下雨后清洗叶上泥土。及时摘除并烧毁病叶、病株。

②喷药保护，药剂可选用 50% 多菌灵 500 倍液，1% 波尔多液，75% 百菌清可湿性粉剂 500 ~ 800 倍液，50% 托布津可湿性粉 800 ~ 1000 倍液。每隔 7 ~ 10 天喷药 1 次，连续 3 ~ 4 次。

8. 福禄考

福禄考白斑病

【病状】发病在叶片，引起叶斑，圆形，叶面成白色，叶背成橄榄色，边缘常带紫色，直径 1 ~ 3mm。见图 5-109。

图 5-109 福禄考白斑病

【防治方法】

①及时摘除病叶烧毁，杜绝病源。

②控制湿度，注意通风良好。

③生长期喷 1：50：200 倍波尔多液，或 75% 百菌清 800 ~ 1000 倍液。

9. 景天

竹节寥白粉病

【病状】主要发生在叶片上，也发生在茎、花、荚等部位，见图 5-110。开始在叶面产生白色粉斑，斑块迅速扩大，逐渐增多，病部褪绿，叶片逐渐黄化脱落，影响花蕾开放，可使花瓣变色导致畸形。后期霉层中出现黑暗闭囊壳，为小黑点。

图 5-110 竹节寥白粉病

【防治方法】冬态或早春植物休眠期可用石硫合剂 3 ~ 5 波美度液，初春发芽期可用 0.5 ~ 1 波美度液。生长季节可喷 20% 粉锈宁可湿性粉剂 1000 ~ 1500 倍液，连续 2 ~ 3 次，兼保护和治疗作用。其他还可用苯莱特、多菌灵内吸杀菌剂。或用 70% 甲基托布津可湿性粉剂 1000 倍液，可控制发展。

第五节 攀援植物

1. 凌霄

凌霄叶斑病

【病状】病菌多从叶尖、叶缘侵入，初为淡黄色圆形，从叶缘扩展，个别从叶尖，后病斑变为褐色。见图 5-111。

【防治方法】

①及时清除病叶烧毁，减少侵染源。

②发病期间可喷布 50% 苯来特可湿性粉剂 1000 倍液，或 80% 敌菌丹可湿性粉剂 500 倍液，或 75% 代森锌 500 倍液。

图 5-111　凌霄叶斑病

2. 金银花

金银花白粉病

【病状】主要危害叶片，有时也危害茎和花。叶上病斑初为白色小点，后扩展为白色粉状斑，后期整片叶布满白粉层，严重时发黄变形甚至落叶；茎上部斑褐色，不规则形，上生有白粉；花扭曲，严重时脱落。见图 5-112。

图 5-112　金银花白粉病

【防治方法】

①选育抗病品种（凡枝粗、节密而短、叶片浓绿而质厚、密生绒毛的品种，大多为抗病力强的品种）；合理密植，整形修剪，改善通风透光条件，可增强抗病力；少施氮

肥，多施些磷钾肥；

②发病初期用 15％粉锈宁（三唑酮）1500 倍液或 50％瑞毒霉．锰锌 1000 倍液或 75% 百菌清可湿性粉剂 800 ~ 1000 倍液喷雾防治，每 7 天 1 次，连喷 2 ~ 3 次。

3. 常春藤

花叶常春藤斑点病

【病状】病菌发生于叶片和茎上，引起叶斑和茎枯。病斑圆形、近圆形，直径 3 ~ 6mm，中央灰白色，边缘暗褐色。上生黑色小点，即分生孢子器。见图 5-113。

图 5-113　花叶常春藤斑点病

【防治方法】

①冬态彻底清除病叶枯茎烧毁，以减少侵染病源。

②发芽前 10 ~ 15 天用 4 ~ 5 波美度石硫合剂，发病期间喷施 50% 苯莱特可湿性粉剂 1000 ~ 1500 倍液。

4. 紫藤

变色夜蛾

【生态习性】1 年发生 2 ~ 4 代，以蛹在寄主根际附近土中越冬。翌年 4 月上旬至 5 月中旬羽化，4 月下旬至 5 月下旬产卵。见图 5-114。

【防治方法】

①夜间持电筒捕捉成虫。

②根据成虫产卵部位及幼虫栖息于寄主主干基部，可刮除卵块及初孵幼虫，或用50% 辛硫磷 1000 ~ 1500 倍液喷雾毒杀。

图 5-114 变色夜蛾幼虫

5. 忍冬

红天蛾

【生态习性】1 年发生 3 代，越冬代 4 月上旬至 5 月中旬，第 1 代 5 月下旬至 7 月中旬，第 2 代 7 月下旬至 9 月下旬，见图 5-115。成虫白天静伏杂草、枝叶隐蔽场所栖息，夜间活动，交配、产卵，卵产于寄主嫩梢及叶片端部。

【防治方法】

①灯光诱杀成虫。

②结合耕翻土壤，消灭越冬虫蛹。

③药剂防治：虫口密度高时，喷施杀螟松 1000 倍液。

图 5-115 红天蛾成虫

第六节　草　　坪

1. 草坪

（1）褐斑病

【病状】在空气湿度大，天气温暖的气候里，草坪容易发生褐斑病。病状从最初的几厘米扩大到几十厘米，病斑周围产生黑褐色或灰褐色的呈烟环状的边缘。见图5-116。

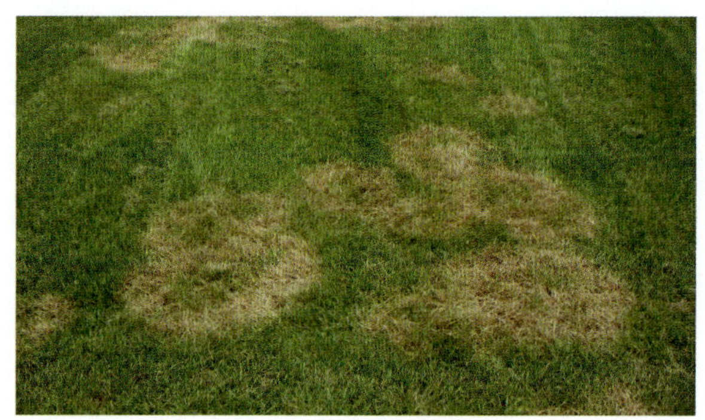

图 5-116　草坪褐斑病

【防治方法】

①合理施肥，用磷肥和钾肥能增加大草坪对褐斑病的抗病能力。

②合理的排灌措施也很重要，应尽量保持土壤不易过于潮湿，防止叶片表面形成水珠。使用杀菌剂可有效地防治褐斑病的发生。

（2）白粉病

【病状】病害发生初期，在叶片、枝条的表面有一层白色粉状物，这些粉状物是病菌的分生孢子。病菌生长迅速，很快扩大并覆盖整个叶面，霉层变厚，呈灰色、淡褐色。发病后期霉层内生出许多黄色至黑褐色的小点。见图5-117。

【防治方法】

①选用抗白粉病的耐荫品种与其他草种混播，以减轻危害。

②合理施肥，不可过量施入氮肥。

③使用杀菌剂，可抑制病菌的背部侵染如使用粉锈宁、三唑酮来防治病害。

图 5-117　草坪白粉病

（3）蝗虫

【生态习性】1 年发生 2 代，以卵在土中越冬。越冬卵翌年 4 月下旬开始孵化，5 ~ 6 月中旬为孵化盛期，5 月下旬至 7 月下旬为第一代成虫羽化，开始产卵，第二代 6 月下旬至 8 月中下旬孵化，8 月中旬至 10 月中下旬羽化，陆续至霜冻前。见图 5-118。

图 5-118　蝗虫成虫

【防治方法】

①发现初孵若虫集中危害叶片的症状，随时捕捉杀死。

②发生严重危害时可喷 50% 杀螟松 1000 倍液，防效好。

（4）油葫芦

【生态习性】1 年发生 1 代，以卵在土壤中越冬，北京越冬卵于 4 月底 ~ 5 月下旬陆续孵化，4 月下旬至 8 月初为若虫发生期，成虫 5 月下旬陆续羽化，10 月上旬产卵，10 月中下旬成虫死亡。见图 5-119。

【防治方法】

①草堆诱杀。在桥区内角落处堆放草堆，次日掀开草堆进行人工捕杀。

②耕翻土地后每亩喷施 2.5% 敌百虫粉剂 225 ~ 375kg，杀死土中幼龄若虫。

图 5-119　油葫芦

（5）小地老虎

【生态习性】1 年发生 2 ~ 3 代，越冬代成虫盛期在 3 月下旬至 4 月上中旬，见图 5-120。3 月中下旬成虫羽化。无论发生代数多少，在生产上造成严重危害的均为第一代幼虫，以后几代数量骤减，危害较轻。第一代幼虫 4 月中下旬至 5 月上中旬危害，5 月下旬在 3 ~ 60cm 的土中筑土室化蛹。成虫晚上 19：00 ~ 22：00 活动最盛，有趋光性。

图 5-120　小地老虎幼虫

【防治方法】

①加强管理，进行中耕和清除杂草，减轻危害；诱杀成虫，根据其趋性，可用黑光灯或糖醋液诱杀。

②发生严重时，可用 50% 辛硫磷 1500 倍液泼浇根际周围。

第六章　作业安全要求

安全是高速公路绿化养护的前提和保障，在日常养护作业中加强安全管理，贯彻“安全第一，预防为主”的安全工作方针，规范作业程序及标准，对保障日常养护作业中人员、车辆、交通安全至关重要。

本章节仅对安全重点工作进行描述。

第一节　日常养护作业安全

1. 临时停车

临时停车的种类分为：路基区作业中的临时停车上下人、装卸工具材料，路面移动作业中的临时停车，日常养护中的临时停车，养护检查中的临时停车。

停车前，驾驶员必须观察车后的交通情况，逐步减速，将车辆尽可能停放于紧急停车带中，停车后，养护作业车辆必须开启双闪指示灯。

停车时间在 1 分钟以内，停车时必须观察路况，均匀减速，靠边停车。

停车时间在 1 分钟以上时，必须在车后 100m 处设置红色反光锥筒。

2. 占道作业

日常养护作业需要占道作业时须确定作业时间、地点、项目及标准要求，确定具体安全管理人员和安全协管人员，明确分工和责任，并将作业区所需设置的标志及设施备齐，进行必要的交通导改。

（1）养护作业区设置

①停车。车辆到达施工路段时，要认真观察车道来车情况，开启双闪指示灯和黄色频闪灯，视情况缓慢停车。指定人员摇红旗示意车辆慢行避让。待目测来车方向 300m 路段无车辆驶来时，方可让人员下车开始摆放交通标志和设施。

②摆放交通标志。摆放过程中，应在上游过渡区端点设置专职安全人员，手持红旗

面对来车方向，上下大幅度挥动红旗示意过往车辆慢行避让。摆放人员从上游过渡区开始向下游过渡区依次摆放红色反光锥筒，锥筒间距为 15m，装载标志的车辆依照标志摆放位置顺序前行，至下游过渡区末端。在摆放过程中，车辆须开启双闪指示灯和黄色频闪灯。

作业区的设置分为：上游过渡区、缓冲区、作业区和下游过渡区。自上游过渡区端点开始依次设置前方施工标志、左（右）道封闭标志、限速标志、车辆慢行标志和向左（右）导向标志。

设置安全区域时有以下三种情况：

a. 占用最外侧车道或紧急停车带，且作业时间较长的，设置方式如图 6-1 或图 6-2；

b. 占用两条行车道，设置方式如图 6-3；

c. 占用超车道，一般用于中央隔离带养护，设置方式如图 6-4。

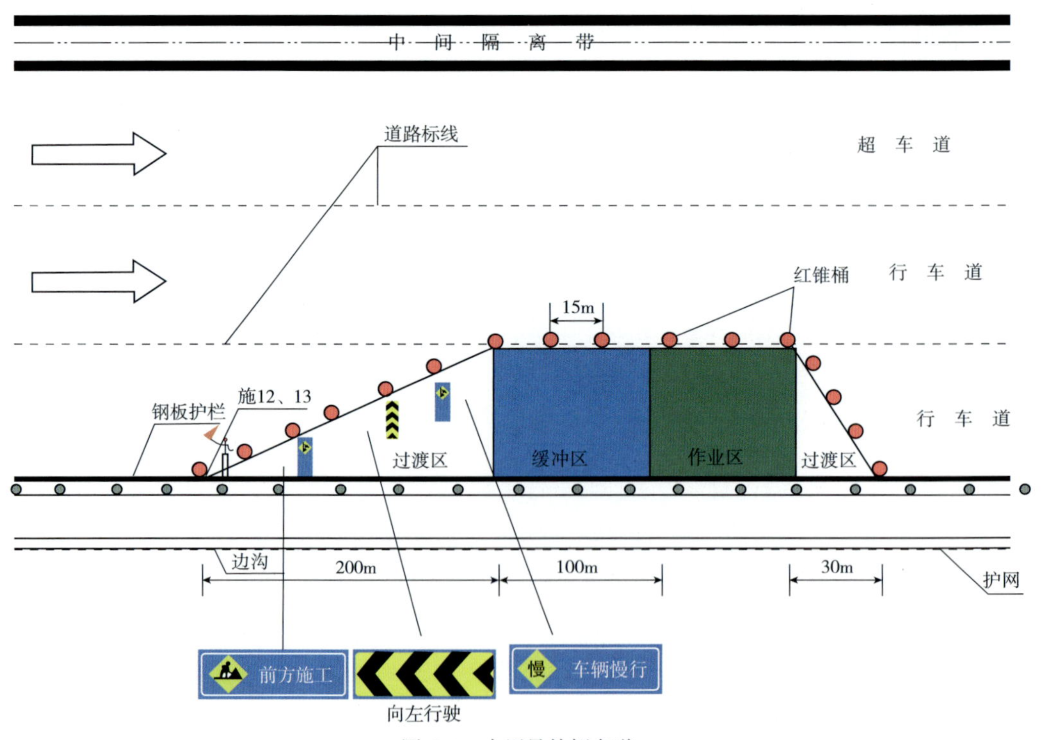

图 6-1　占用最外侧车道

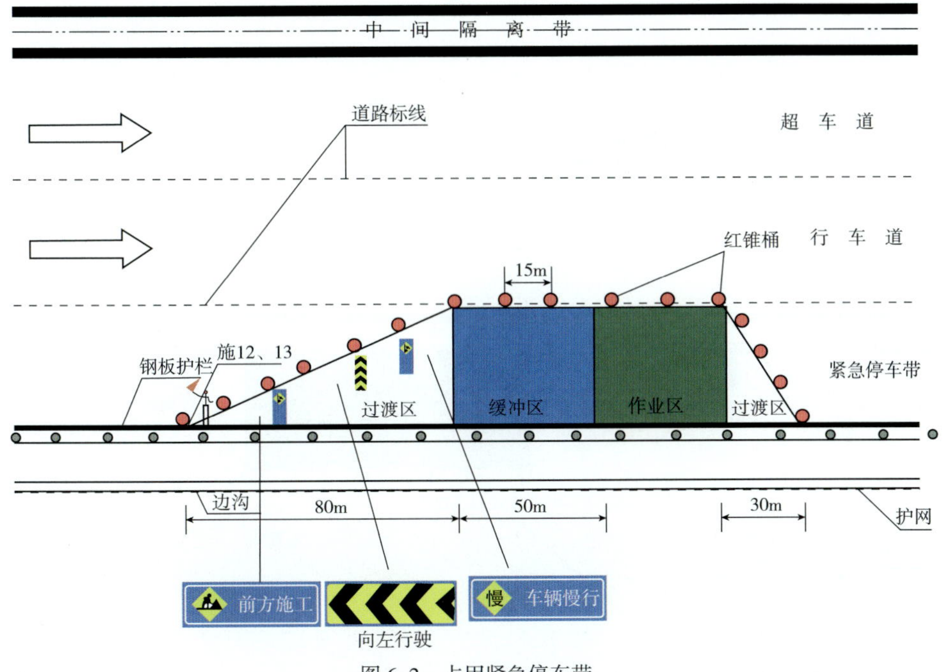

图 6-2　占用紧急停车带

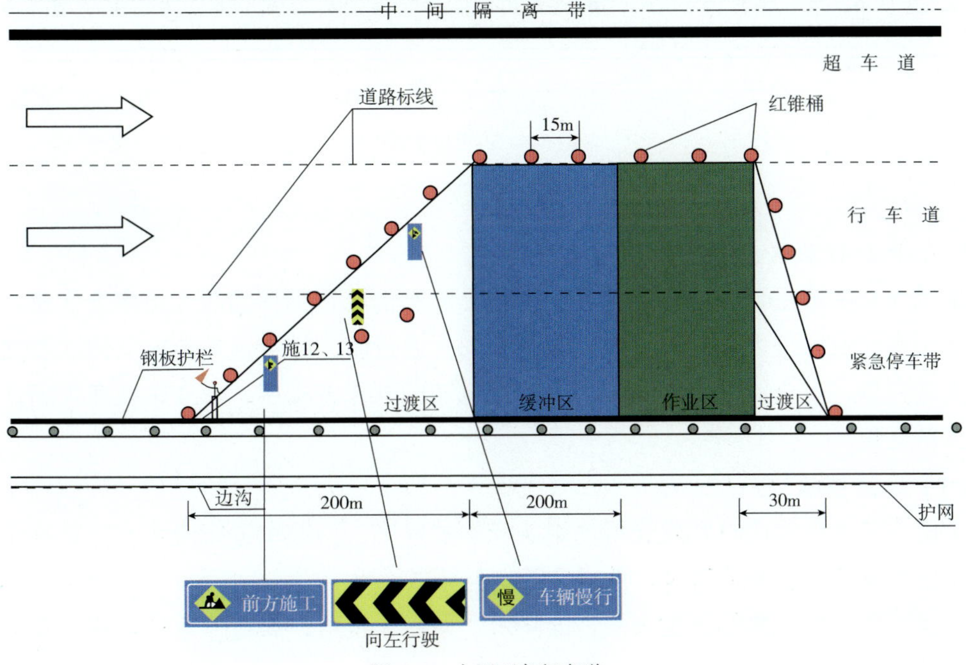

图 6-3　占用两条行车道

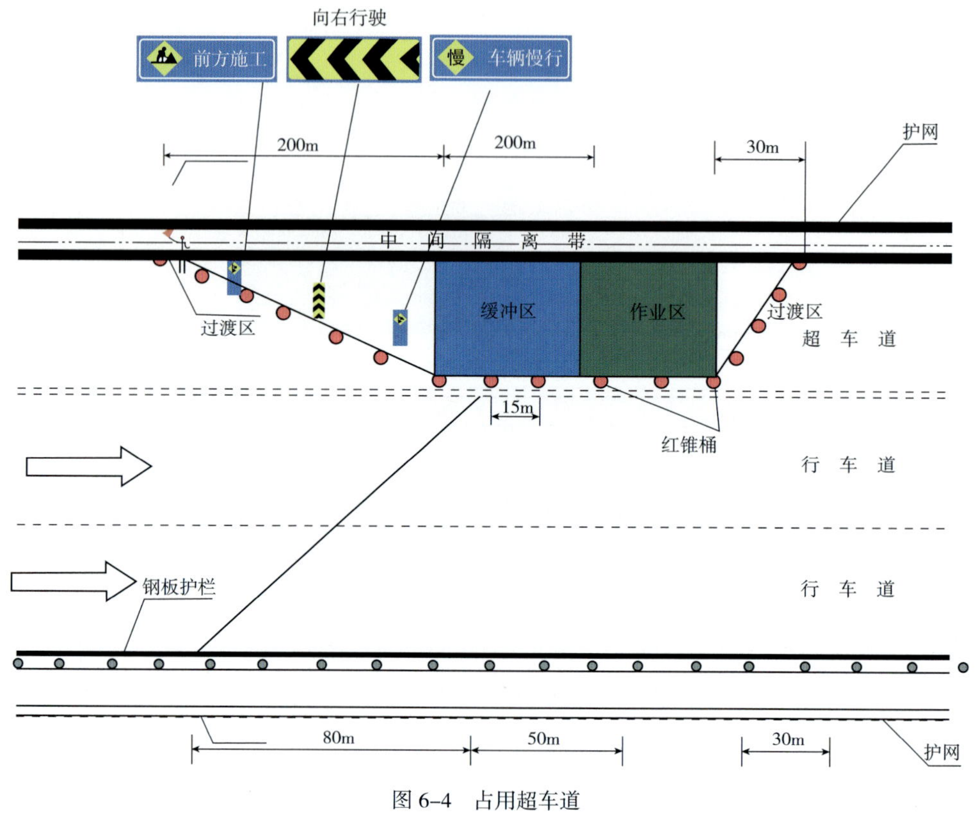

图 6-4 占用超车道

（2）养护作业区撤离

道路作业完成后，由专人指挥，观察路上来车情况，指挥回收人员安全作业。回收人员必须在作业区域内，从下游过渡区端点向上游过渡区端点逆车流方向依次收回，待现场清理完毕，安全设施全部回收后，人员迅速回到作业车中，作业车驶离现场，道路恢复正常交通。

（3）注意事项

①已安装黄色频闪灯和发光导向箭头标志的水车、打药车进行浇水、打药等作业以及人工捡拾等流动作业项目时，也应设置安全标志。

②遇大雨、雪、雾等恶劣天气，除防汛、巡视、抢险、除雪作业外，停止其他养护作业。

第二节　作业人员安全

1. 人员要求

①所有作业人员，必须经过有关高速公路养护作业安全知识培训签订安全责任书后，方可上路作业。

②养护人员上路作业时，必须穿着橘黄色反光标志服，头戴标志帽，不得穿易滑鞋或拖鞋。

③确保养护作业人员身体健康，无妨碍从事相应工种作业的疾病或生理缺陷（指不患有影响上路作业的突发性疾病，如高血压、精神病等）。

④所有养护人员严禁酒后上路作业。

2. 作业安全

①所有人员上路作业时，要服从现场安全指挥，并思想集中，坚守岗位。严禁在禁止吸烟的区域内吸烟动火。

②人员进入作业区，必须从车辆距护栏最近的一侧迅速下车，作业区前端设一名安全人员，手拿红旗，提醒过往车辆注意避让。

③养护作业人员乘车到达或离开作业现场时，待车辆停稳后，从车辆右侧上下车和装卸工具、材料。

④保洁人员捡拾作业必须在道路路缘线以外逆车流方向行走，且使用的工具（把、柄等）严禁伸展至车道内，防止发生事故；确需穿越高速公路清理车道内杂物时，应认真瞭望，在确保安全的情况下，迅速捡拾，并立即撤出车道；作业间休息须在双侧路缘以外。

⑤在清塌方作业时，现场人员必须戴好安全帽，设岗哨，查看山石的动向，并协助交管部门维护交通秩序。

⑥上路养护人员应严格遵守机械设备和施工的安全操作规程。

第三节　岩体绿化养护作业安全

1. 人员要求

①严格按照作业人员安全规定的要求进行作业。

②所有岩体绿化养护作业人员须接受高速公路养护作业和岩体绿化养护作业安全知识培训，考核合格后方可上路作业。

③作业人员须身着反光标志服，头戴安全帽，系好安全带，不得穿易滑鞋或拖鞋作业。

④作业人员要求身体健康，无妨碍从事相关作业的疾病和生理缺陷（指不影响高坡作业和上路作业的疾病，如高血压、恐高症、精神疾病等）。

2. 作业安全

①遵守《高速公路养护作业安全管理办法》及《公路养护安全作业规程》。

②作业前检查安全绳、安全带、安全帽，检查合格后方可作业。

③保险绳、缆、索、安全帽等必须符合国家相关规定要求，并定时、定人检查其可靠性。

④人员上下坡时，要在坡体两侧行走、攀登。

⑤作业人员落地前要先察看地面和路面情况，确认安全后缓慢下降，直至地面。

⑥隧道口两侧作业时，车辆停在顺行道路进隧道口前的紧急停车带内，禁止停在隧道出口的任何位置。

⑦作业时注重文明施工，作业中产生的废弃材料要及时清运，如有使用或废弃的材料不能及时清走，需要堆放在公路上的，应堆放在公路最靠边处，避免由堆放材料而引起的交通不畅等安全问题。堆放的材料清运出作业现场后要将路面上遗留的沙石、废土、杂草、小型枯死树枝等路面残留物及时清理掉，保护路容路貌。

⑧遇到大风天气（风力大于 4 级）、雨天、雪天、雾天时，禁止进行坡面作业。

附录　常见植物图谱

植物是高速公路绿化的主体材料，它们拥有不同的形态特征，不同的生态习性。正是这些不同形态、美丽多变的植物构成了高速公路绿化中丰富多彩的景观。

本章着重从形态特征和生态习性两个方面介绍了北京高速公路绿化中常见的 111 种植物，其中常绿乔木 7 种，落叶乔木 49 种，灌木 24 种，花卉及地被植物 18 种，攀援植物 9 种，草坪草 4 种。每种植物从整体到干、枝、叶、花、果进行介绍，并配以具有明显形态特征图片，使图谱有很强的识别性。

第一节　常绿乔木

1. 油松　松科　松属

【形态特征】常绿乔木。树冠在壮年期呈塔形或广卵形，老树树冠平顶形。树皮灰褐色裂成不规则的鳞块。冬芽红褐色，小枝褐黄色无毛。针叶粗硬，2 针一束，两面有气孔线，树脂道边生，叶鞘宿存，球果卵形、圆卵形。种鳞的鳞盾肥厚，横脊显著，见附图 1。

附图 1　油松

【生态习性】喜光树种，1 ~ 2 年生幼苗耐荫。喜干冷气候，年降雨量 300mm 也可以生长，能耐 -25℃低温。喜深厚疏松土壤。

【易发生的病虫害】落叶病、油松毛虫、松大蚜、松叶螨、微红梢斑螟（松梢螟）、红脂大小蠹。

2. 白皮松 松科 松属

【别名】白骨松，蛇皮松，虎皮松，蟠龙松，三针松，白果松，白松。

【形态特征】常绿乔木，树冠尖塔形，多分枝少主干，树皮淡灰色或淡褐色，常不规则薄片状剥落，使树干呈白褐相间斑块状。针叶，三针一束。种子卵形，短翅，见附图 2。

附图 2 白皮松

【生态习性】喜光，幼时稍耐荫。深根性，抗风又耐干旱和瘠薄，寿命长，耐寒性强，不耐涝。杀菌力强。

【易发生的病虫害】病虫害及防治方法见油松病虫害防治。

3. 华山松 松科 松属

【形态特征】常绿乔木。树冠广圆锥形，小枝平滑无毛，冬芽小，圆柱形，栗褐色。幼树树皮灰绿色，老则裂成方形厚块片固着在树上。针叶 5 针一束，质柔软，树脂道多为 3，叶鞘早落。球果圆锥状长卵形，见附图 3。

附图 3　华山松

【生态习性】阳性树，幼苗略喜一定庇荫。喜凉爽、湿润气候，高温、干燥是影响分布的主要原因。耐寒力强，在其分布区北部，甚至可耐 −31 ℃的低温。不耐炎热，喜排水良好，能适应多种土壤，最宜深厚、湿润排水良好的中性或微酸性土壤。

【易发生的病虫害】病虫害及防治方法见油松病虫害防治。

4. 雪松　松科　雪松属

【别名】喜马拉雅杉、喜马拉雅雪松、香柏。

【形态特征】常绿乔木，枝二型，明显分为长枝和短枝。叶三棱针形，在长枝上螺旋状互生，在短枝上呈簇生状，叶表面中脉突起。雄、雌球花分别单生于短枝顶端，树皮深灰色，不规则鳞片状剥裂。球果卵圆形或宽椭圆形，见附图 4。

【生态习性】阳性树，幼年稍耐庇荫，喜深厚、排水良好的土壤，喜生于中性、微酸性土壤。抗寒，不耐水涝，较耐干旱瘠薄，杀菌能力强，性畏烟，含 SO_2 气体会使嫩叶迅速枯萎并有减弱噪声和隔音作用。

【易发生的病虫害】大衰蛾、白星花金龟、松墨天牛、日本龟蜡蚧。

附图 4　雪松

5. 云杉　松科　云衫属

【形态特征】我国特有树种。常绿乔木，树冠广圆锥形。一年生小枝淡黄绿、淡黄或淡黄灰色，有短柔毛和白粉。以后变为灰色、暗灰色。冬芽卵圆形，无树脂，芽鳞排列紧密，小枝基部宿存的芽鳞反卷（与同属其他植物的重要区别）。叶较细，先端尖，见附图 5。

【生态习性】性强健，适应力强，耐阴性强，耐寒，喜凉爽湿润气候，喜排水良好，适当湿润之中性或微酸性土壤。

【易发生的病虫害】云杉黄卷叶蛾。

附图 5 云杉

6. 桧柏 柏科 圆柏属

【形态特征】常绿乔木。树冠尖塔形，老时树冠呈广卵形。树皮灰褐色，裂成长条片。幼树枝条斜上展，老树枝条扭曲状，大枝近平展。小枝圆柱形或微呈四棱，冬芽不显著。叶两型，鳞叶钝尖，刺形叶披针形，见附图 6。

【生态习性】喜光树种，较耐荫。喜凉爽温暖气候，耐寒、耐热。喜湿润肥沃、排水良好的土壤。耐旱亦稍耐湿，深根性树种，忌积水。耐修剪，易整形。

【易发生的病虫害】圆柏锈病、双条杉天牛、柏肤小蠹。

7. 侧柏 柏科 侧柏属

【形态特征】常绿乔木，树冠幼时尖塔形，老时广圆形。小枝扁平。树皮浅褐色，薄片状剥落。全鳞叶，对生，有腺斑。花雌雄同株，单性。球果卵形或长圆形，种子长卵形，无翅，见附图 7。

附图 6　桧柏

附图 7　侧柏

【生态习性】性喜光，但有一定的耐荫性。耐干旱、瘠薄和盐碱，不耐水涝，较耐寒，耐修剪。浅根性，侧根发达，抗风力强。

【易发生的病虫害】病虫害及防治方法见油松病虫害防治。

第二节　落叶乔木

1. 毛白杨　杨柳科　杨属

【形态特征】落叶乔木，树冠卵圆形或卵形。树干通直，树皮灰绿色至灰白色，叶宽卵形。背面密生白茸毛，花期3月。皮孔菱形，老时纵裂，呈暗灰色，见附图8、附图9。

附图8　毛白杨

附图9　毛白杨（冬态）

【生态习性】强阳性树种。喜凉爽气候，在暖热多雨的气候下易受病害。对土壤要求不严，喜深厚肥沃、沙壤土，不耐过度干旱瘠薄，稍耐碱，PH值8～8.5时亦能生长，大树耐湿。耐烟尘，抗污染。深根性，根系发达，萌芽力强，生长较快，寿命长。

【易发生的病虫害】毛白杨黑斑病、毛白杨溃疡病、毛白杨破腹病、杨始叶螨。

2. 新疆杨　杨柳科　杨属

【形态特征】乔木，高达30m。枝直立向上，形成圆柱形树冠。干皮灰绿色，老时灰白色，光滑，很少开裂。短枝枝叶近圆形，有缺刻状粗齿，背面幼时密生白色绒毛，后渐脱落近无毛，长枝之叶边缘缺刻较深或呈掌状深裂，背面被白色绒毛，见附图10、附图11。

附图 10　新疆杨

附图 11　新疆杨（冬态）

【生态习性】阳性树种，喜光，耐干旱和盐碱，在土层深厚、排水良好的壤土上生长最佳，根系较深，抗风力强，但耐寒力较差。速生萌芽力强。

【易发生的病虫害】病虫害及防治方法见毛白杨病虫害防治。

3. 加拿大杨　杨柳科　杨属

【形态特征】乔木，高可达 30m，树冠开展呈卵圆形。树皮灰褐色，粗糙，纵裂，见附图 12、附图 13。小枝在叶柄下具 3 条棱脊，冬芽先端不贴紧枝条。叶近正三角形，长 7 ~ 10cm，先端渐尖，基部截形，边缘半透明，具钝齿，两面无毛，叶柄扁平而长，有时顶端具 1 ~ 2 腺体。花期 4 月，果熟期 5 月。

附图 12　加拿大杨

附图 13　加拿大杨（冬态）

【生态习性】杂种优势明显，生长势和适应性均较强。性喜光，耐寒，喜湿润而排水良好的冲积土，对水涝、盐碱和瘠薄土地均有一定耐性，能适应暖热气候。对二氧化硫抗性强，并有吸收能力。生长快，萌芽力、萌蘖力均较强。寿命较短。

【易发生的病虫害】病虫害及防治方法见毛白杨病虫害防治。

4. 垂柳　杨柳科　垂柳属

【形态特征】落叶乔木，树冠呈倒广卵形。小枝细长下垂，褐色、淡黄褐色。叶呈披针形或条状披针形，见附图 14、附图 15。花期 3 ~ 4 月。

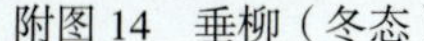

附图 14　垂柳（冬态）

附图 15　垂柳

【生态习性】喜光，耐水湿、短期水淹至树顶不会死亡，树干在水中能生出大量不定根。过于干旱或土质过于粘重生长差，喜肥沃湿润。耐寒性不及旱柳，发芽早、落叶迟。

【易发生的病虫害】星天牛、美国白蛾。

5. 金丝垂柳　杨柳科　柳属

【形态特征】落叶乔木，高可达 10m 以上，树冠长卵圆形或卵圆形，枝条细长下垂。小枝黄色或金黄色。叶狭长披针形，长 9 ~ 14cm，缘有细锯齿。生长季节枝条为黄绿色，落叶后至早春则为黄色，经霜冻后颜色尤为鲜艳。幼年树皮黄色或黄绿色。金丝垂柳生长迅速，是速生树种，见附图 16、附图 17。

附图 16　金丝垂柳

附图 17　金丝垂柳（冬态）

【生态习性】喜光，较耐寒，性喜水湿，也能耐干旱，以湿润、排水良好的土壤为宜。

【易发生的病虫害】病虫害及防治方法见垂柳病虫害防治。

6. 馒头柳　杨柳科　垂柳属

【形态特征】落叶乔木，树冠呈倒广卵形。小枝细长下垂，褐色、淡黄褐色。叶呈披针形或条状披针形，见附图 18、附图 19。花期 3 ~ 4 月。

附图 18　馒头柳

附图 19　馒头柳（冬态）

【生态习性】喜光。树冠椭圆如馒头状，故称馒头柳。多作行道树，耐寒，耐盐碱。

【易发生的病虫害】病虫害及防治方法见垂柳病虫害防治。

7. 青桐　梧桐科　梧桐属

【形态特征】又称梧桐，落叶乔木，主干通直。幼树皮青绿色，平滑，成年时树皮灰绿色，不裂。主枝轮生状，顶芽发达，远比侧芽大。小枝粗壮，翠绿色，单叶侧生，被毛，见附图 20、附图 21。

附图 20　青桐

附图 21　青桐（冬态）

【生态习性】喜光，耐侧荫，喜温暖湿润气候，耐寒性不强。根深性，萌芽力强，不耐涝，不耐修剪。生长快，寿命长。在北京幼树嫩枝常受冻。

【易发生的病虫害】大青叶禅。

8. 泡桐　玄参科　泡桐属

【形态特征】落叶乔木，树冠广卵近圆形。可高达 27m，树皮灰褐色，平滑，老时纵裂。幼嫩部分均有毛，顶芽缺，侧芽小，芽鳞 2 ~ 4 片，交互对生。叶长卵形，单叶对生，长卵形至椭圆状长卵形，全缘，稀浅裂，基部心形，见附图 22、附图 23。

【生态习性】喜温暖气候，耐寒性稍差，稍耐荫。对土壤适应性强，肉质根，喜湿畏涝。

【易发生的病虫害】泡桐丛枝病、泡桐龟甲。

附图 22　泡桐

附图 23　泡桐（冬态）

9. 紫花泡桐　玄参科　泡桐属

【形态特征】落叶乔木，高达 20m，树皮褐灰色。叶柄常有黏性腺毛，聚伞圆锥花序的侧枝不发达，伞状花序具有 3 ~ 5 朵花，花萼浅钟状，密被星状绒毛，5 裂至中部，花冠紫色漏斗状钟形，见附图 24。蒴果卵圆形，外果皮革质。花期 5 ~ 6 月，果期 8 ~ 9 月。

附图 24　紫花泡桐

【生态习性】耐寒耐旱，耐盐碱，耐风沙，抗性很强，对气候的适应范围很大，高温 38℃以上生长受到影响，绝对最低温度在 -25℃时受冻害。树叶大，树冠开张，四月间盛

开簇簇紫花，清香扑鼻。叶片被毛，分泌一种黏性物质，能吸附大量烟尘及有毒气体。

【易发生的病虫害】病虫害及防治方法见泡桐病虫害防治。

10. 法桐　悬铃木科　悬铃木属

【形态特征】高 20 ~ 30m，树冠呈阔钟形，干皮灰褐色至灰白色，呈薄片状剥落。幼枝、幼叶密生褐色星状毛。叶掌状 5 ~ 7 裂，深裂达中部，裂片长大于宽，叶基阔楔形，叶缘有齿牙，掌状脉，托叶圆领状。花序头状，黄绿色。多数坚果聚合呈球形，3 ~ 6 球成一串，宿存花柱长，呈刺毛状，果柄长而下垂，见附图 25、附图 26。

附图 25　法桐

附图 26　法桐（冬态）

【生态习性】阳性速生树种，抗逆性强，不择土壤，萌芽力强，耐重剪，抗烟尘，耐移植，大树移植成活率极高。对城市环境适应性特别强，具有超强的吸收有害气体、抵抗烟尘、隔离噪声能力，耐干旱、生长迅速。

【易发生的病虫害】六星吉丁虫。

11. 银杏　银杏科　银杏属

【形态特征】落叶大乔木，树冠呈广卵圆形，青壮年期树冠呈圆锥形。树皮灰褐色，深纵裂。枝有长枝和短枝两种，一年生长枝呈浅棕黄色，后变为灰白色，并有细纵裂纹，短枝上密被叶痕，羽扇形，见附图 27、附图 28。

附图 27　银杏

附图 28　银杏（冬态）

【生态习性】我国特有树种。性喜光，较耐寒，适应温凉湿润的气候。喜深厚、肥沃、排水良好的砂质土壤，对酸碱度要求不严，pH 值 4.5 ~ 8，喜充足水分，抗干旱性较强，但不耐水涝、盐碱。深根性，萌蘖力强。寿命长，对大气污染有一定的抗性。

【易发生的病虫害】银杏叶斑病、银杏大蚕蛾、小线角木蠹蛾。

12. 国槐　豆科　槐属

【形态特征】落叶乔木，树冠圆形。树皮粗糙，暗灰色，有纵裂。小枝绿色，皮孔明显，冬芽被青紫色毛。奇数羽状复叶，卵形至卵状披针形。背面有白粉及柔毛。顶生圆锥花序，花蝶形，浅黄绿色。荚果成念珠状，肉质，经冬不落，见附图 29、附图 30。花期 6 ~ 8 月，果期 10 月。

附图 29　国槐

附图 30　国槐（冬态）

【生态习性】原产于我国北部。为温带树种，性耐寒，喜阳光。喜干冷气候，在湿润、肥沃、深厚而排水良好的土壤中生长最佳。深根性，萌芽力不强，生长速度中等，寿命很长。对二氧化硫及烟尘等有一定的抗性。

【易发生的病虫害】槐树烂皮病、国槐尺蠖、黑蚱蝉、国槐小卷蛾。

13. 刺槐　豆科　刺槐属

【形态特征】落叶乔木，树冠椭圆状倒卵形，树皮灰褐色。小叶椭圆形至卵状长圆形，先端圆或微凹。花白色，芳香，旗瓣基部有黄斑。荚果腹缝线有窄翅见附图 31、附图 32。花期 4 ~ 5 月，果熟期 9 ~ 10 月。

附图 31　刺槐

附图 32　刺槐（冬态）

【生态习性】强喜光，不耐遮荫。喜干燥而凉爽气候，不耐湿热气候。浅根性，在风口易风倒、风折。刺槐是各地郊区“四旁”绿化，铁路、公路沿线绿化常用的树种，优良的水土保持、土壤改良树种，荒山造林树种。

【易发生的病虫害】菟丝子害、桑刺尺蠖、黄刺蛾。

14. 金叶刺槐　豆科　刺槐属

【形态特征】阔叶落叶乔木，高可达 25m，干皮纵深裂。奇数羽状复叶互生，小叶 7 ~ 19 枚，椭圆形，长 2 ~ 5cm，全缘，先端微凹并有小刺尖。春季叶为金黄色，夏季变为黄绿色，秋季又变成橙黄色，叶色变化丰富，极为美丽。初夏开花，花白色，芳香，呈总状花序，见附图 33。

【生态习性】喜光、耐旱瘠薄，对土壤适应性强。浅根性，生长快。

附图 33　金叶刺槐

【易发生的病虫害】病虫害及防治方法见国槐病虫害防治。

15. 金枝槐　豆科　槐属

【形态特征】树形自然开张，树态苍劲挺拔。树茎、枝一年生为淡绿黄色，入冬后渐转黄色，二年生的树茎、枝为金黄色，树皮光滑。叶互生，6 ~ 16 片组成羽状复叶，叶椭圆形，长 2.5 ~ 5cm，光滑，淡黄绿色，见附图 34。

【生态习性】耐旱力、耐寒力强，耐盐碱，耐瘠薄。侧根系发达。生长快，当年嫁接苗可长 1.5 ~ 2m 高，第二年长 2.5 ~ 3.5m；性耐寒，能抵抗 -30℃的低温，见附图 35。

附图 34　金枝槐

附图 35　金枝槐（冬态）

【易发生的病虫害】防治方法见国槐病虫害防治。

16. 龙爪槐 豆科 槐属

【形态特征】又称垂槐，为槐树变种。多用槐树嫁接。枝扭转下垂，树冠如伞，姿态别致，见附图 36、附图 37。

附图 36 龙爪槐

附图 37 龙爪槐（冬态）

【生态习性】温带树种，性耐寒，喜阳光。在湿润、肥沃、深厚而排水良好的土壤中生长最佳，在干燥、贫瘠的低洼处生长不良。深根性，萌芽力不强，生长速度中等，寿命很长。对二氧化硫及烟尘等有一定的抗性。

【易发生的病虫害】病虫害及防治方法见国槐病虫害防治。

17. 元宝枫 槭树科 槭树属

【别名】平基槭、华北五角枫

【形态特征】落叶乔木，树冠伞形或倒广卵形。树皮灰黄色，成纵裂。叶 5 裂，裂片三角状卵形，顶端渐尖，叶基部截形或近截形，全缘。伞房花序，直立。翅较宽而略长于果核，两翅展开成直角，果核扁平见附图 38、附图 39。花期 5 月，果期 9 月。

【生态习性】稍耐荫，喜生于阴坡及山谷，喜温凉气候及肥沃、湿润而排水良好的土壤，在酸性土、中性土及钙质土上均能生长。有一定耐旱力，但不耐涝。能耐烟尘及有害气体，对城市环境适应性强。深根性，萌蘖性强。

【易发生的病虫害】病虫害及防治方法见青桐病虫害防治。

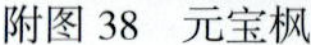

附图 38　元宝枫

附图 39　元宝枫（冬态）

18. 栾树　无患子科　栾树属

【别名】灯笼树，灯笼花

【形态特征】落叶乔木，树冠近球形。一回羽状复叶，卵形或卵状披针形，顶端尖或渐尖，具粗锯齿或缺裂，背面沿脉有毛。蒴果三角状长卵形。树皮细纵裂。小枝有柔毛，见附图 40、附图 41。

附图 40　栾树

附图 41　栾树（冬态）

【生态习性】喜光，稍耐干燥瘠薄。深根性，萌芽性强。用种子、分蘖繁殖。喜石灰性土壤。

【易发生的病虫害】光肩星天牛、栾多态毛蚜。

19. 火炬树　漆树科　盐肤木属

【形态特征】落叶小乔木。树皮暗褐色或黑色，分枝少，小枝粗壮，密生灰色茸毛，呈鹿角状。奇数羽状复叶互生，长圆形至披针形。直立圆锥花序顶生，其外部被红色针刺毛，果穗鲜红色，紧密聚生成火炬状见附图 42、附图 43。花期 5 ~ 7 月，果期 9 ~ 11 月。果实成熟后经久不落，而且秋后树叶变红，十分壮观。

附图 42　火炬树

附图 43　火炬树（冬态）

【生态习性】阳性树种，原产于美洲北部。适应力极强，喜温耐旱，抗寒，耐瘠薄盐碱土壤。水平根系发达，根萌蘖力甚强。

【易发生的病虫害】美国白蛾。

20. 臭椿　苦木科　臭椿属

【形态特征】树皮光滑不开裂。叶痕呈倒卵形，奇数羽状复叶互生，揉搓后有臭味。花杂性，顶生圆锥花序。翅果矩圆形，淡红褐色，见附图 44、附图 45。花期为 6 月，果期 9 ~ 10 月。

【生态习性】强阳性树种，不耐庇荫。适应性强，耐寒，耐干旱，瘠薄及盐碱，不耐水湿。对土壤要求不严，喜排水良好的砂质土壤。萌芽力强，生长快。深根性，少病虫害，抗污染能力强，并有一定的杀菌能力。

【易发生的病虫害】臭椿皮蛾、臭椿沟眶象、斑衣蜡蝉。

附图 44　臭椿

附图 45　臭椿（冬态）

21. 红叶臭椿　苦木科　臭椿属

【形态特征】落叶乔木，树干通直高大。奇数羽状复叶互生，树叶呈卵状披针形，长约 7 ~ 15cm。叶色美丽，自春季展叶至 7 月新稍均为红色，秋季整株树叶色变为红色，季相变化明显，是优良的观叶树种。树皮光滑，树冠宽卵形或半球形，见附图 46。

附图 46　红叶臭椿

【生态习性】深根性树种，主根不明显，侧根发达，构成庞大的根系，抗风沙。喜光，耐干旱，耐瘠薄，不耐水湿，长期积水会烂根致死。耐中度盐碱土，在土层深厚、排水良好而又肥沃的土壤中生长良好。萌蘖力强，生长快，能抗烟、防尘、抗病虫害。

【易发生的病虫害】病虫害及防治方法见臭椿病虫害防治。

22. 千头椿　苦木科　臭椿属

【形态特征】落叶乔木，树冠呈圆球形，树皮灰褐色，分枝较多，无明显的主干。奇数羽状复叶互生，小叶 13 ~ 25 枚，呈卵状披针形至椭圆状披针形。全缘，圆锥花序顶生，翅果扁平，褐黄色，幼时稍带红晕，见附图 47、附图 48。

附图 47　千头椿

附图 48　千头椿（冬态）

【生态习性】喜光、耐寒、耐旱、耐瘠薄、也耐轻度盐碱，适应性极强。

【易发生的病虫害】病虫害及防治方法见臭椿病虫害防治。

23. 白蜡　木犀科　白蜡属

【形态特征】落叶乔木，高达 15m，树冠呈卵圆形，小枝粗糙无毛，树皮呈黄褐色。顶芽发达，被毛棕黄色，侧芽较小，与枝开展成约 30° 角，奇数羽状复叶，对生，椭圆形或椭圆状卵形，基部狭，不对称，缘有浅波状齿，花杂性或单性异株，圆锥花序，花小。翅果，倒披针形，见附图 49、附图 50。

附图 49　白蜡

附图 50　白蜡（冬态）

【生态习性】喜光，稍耐荫，适应性强，耐寒，耐干旱。对土壤适应性强。深根性，宜作行道树，庭荫树。

【易发生的病虫害】草履蚧、白蜡窄吉丁。

24. 小叶白蜡　木犀科　白蜡属

【形态特征】落叶乔木，高 10 ~ 20m。芽黑褐色，外被糠秕状毛。羽状复叶，小叶 7 ~ 13，纸质，卵状披针形或狭披针形，下面密生细腺点。聚伞圆锥花序，花杂性。翅果倒披针形，见附图 51、附图 52。

附图 51　小叶白蜡

附图 52　小叶白蜡（冬态）

【生态习性】喜光，较耐荫。喜温暖湿润气候，耐寒、耐旱，抗风力强。对土壤要求不严，在城市各类渣土有较强的适应性。耐盐碱、水湿、抗病虫害能力强。根系发达，耐修剪。

【易发生的病虫害】病虫害及防治方法见白蜡病虫害防治。

25. 合欢　豆科　合欢属

【形态特征】落叶乔木，树冠开展，呈伞形。枝条开展，分枝点较矮，小枝无毛。树皮呈灰褐色，不裂。二回羽状复叶，互生，小叶镰刀形，全缘，先端尖，向上弯，中脉紧靠叶缘而生。种子扁平，椭圆形，见附图53。

【生态习性】喜光，适应性强，耐干旱瘠薄，不耐水湿，生长较快，能抗大气污染，见附图54。

【易发生的病虫害】合欢枯萎病。

附图53　合欢

附图54　合欢（冬态）

26. 二乔玉兰　木兰科　木兰属

【形态特征】树冠幼年呈圆锥形，渐成卵形或近球形，树皮呈深灰色。枝条上脱落后留下环状托叶痕，见附图55、附图56。

【生态习性】稍耐寒，较耐干旱，不耐水湿，低湿地容易烂根，喜肥沃湿润排水良好的微酸性土壤。肉质根，移植难。

【易发生的病虫害】二乔玉兰炭疽病。

附图 55　二乔玉兰

附图 56　二乔玉兰（冬态）

27. 白玉兰　木兰科　木兰属

【形态特征】落叶乔木，树冠呈广卵形。小枝呈灰褐色，具环状托叶痕。冬顶芽卵形，密被灰黄色长绒毛。叶互生，宽倒卵形或倒卵状椭圆形，先端宽圆或平截，具短突尖，基部楔形或宽楔形，全缘。花白色，先叶开放，大而微具芳香。花萼、花瓣相似，两者共 9 片，白色，肉质，呈长圆状倒卵形，见附图 57。花期为 2 ～ 3 月。

附图 57　白玉兰

【生态习性】性喜温暖湿润，对温度很敏感，南北花期相差 4 ～ 5 个月。较耐寒，能在 -20℃条件安全越冬。最适宜在富含腐殖质而又排水良好的酸性土壤中生长。白玉兰为肉质根，不耐积水，根系损伤后，愈合期较长，故苗木移植时应尽量多带土球。

【易发生的病虫害】吹绵蚧。

28. 马褂木　木兰科　鹅掌楸属

【形态特征】落叶乔木，树冠阔卵形，树形端正挺拔。小枝灰褐色。叶马褂状，叶背苍白色，有乳头状白粉点。叶形奇特，秋叶金黄。花杯状，黄绿色。花被片 9，清香，见附图 58、附图 59。聚合果。花期 5 ～ 6 月。

【生态习性】中性偏阴性树。喜温暖湿润气候，可耐 –15℃的低温。在湿润深厚肥沃疏松的微酸性土壤中生长良好，不耐干旱贫瘠，忌积水。树干大枝易受雪压、日灼危害，对二氧化硫有一定抗性。生长较快，寿命较长。

【易发生的病虫害】马褂木炭疽病、中国宽尾凤蝶。

附图 58　马褂木

附图 59　马褂木（冬态）

29. 杜仲　杜仲科　杜仲属

【形态特征】落叶乔木，树冠呈球形或卵形，植物体有丝状胶质。叶椭圆状，卵形，先端渐尖，基部宽楔，近圆形。叶脉下陷，叶面皱，无毛，有锯齿，翅果扁平矩圆形，见附图 60、附图 61。花期 4 月，叶前开放或与叶同放。

【生态习性】喜光，不耐荫。耐寒，可在 –20℃低温下生长。喜深厚肥沃土壤，沙壤、粘壤都能生长，不耐干旱，土壤过湿、过于贫瘠生长不良。生长较快，萌芽力强，深根性树种。

附图 60　杜仲

附图 61　杜仲（冬态）

30. 挪威槭　槭树科　槭树属

【形态特征】 株高 9 ~ 12m，树冠卵圆形。枝条粗壮，树皮表面有细长的条纹。叶片光滑宽大浓密，秋季叶片呈黄色，见附图 62、附图 63。

附图 62　挪威槭

附图 63　挪威槭（冬态）

【生态习性】 喜光照充足，较耐寒，能忍受干燥的气候条件。喜肥沃、排水性良好的土壤。生长速度中等，每年可以长 25 ~ 40cm。

31. 柿树　柿树科　柿树属

【形态特征】落叶乔木，树冠阔圆形，树皮灰黑色，方块状开裂。小枝褐色，具柔毛。单叶互生，阔椭圆形或倒卵形，革质，近全缘，表面深绿色有光泽，背面淡绿色具短柔毛，叶柄有柔毛。花萼大，4 深裂，宿存。浆果大，卵形或扁球形，橘红色或红色，见附图 64、附图 65。

附图 64　柿树

附图 65　柿树（冬态）

【生态习性】原产于我国长江及黄河流域。性喜光，喜温暖气候，耐旱、耐寒。对土壤要求不严，耐瘠薄。深根性，寿命长。对有害气体二氧化硫、氟化氢的抗性较强。

【易发生的病虫害】红蜡蚧。

32. 梨　蔷薇科　梨属

【形态特征】落叶乔木，高 5 ~ 8m。小枝粗壮，幼时有柔毛。叶卵形或卵状椭圆形，长 5 ~ 11cm，基部广楔形或近圆形，有刺芒状尖锯齿，叶柄长 2.5 ~ 7cm，花白色，径 3cm 左右，果卵形或近球形，黄色或黄白色，有细密斑点，果肉软，花萼脱落，见附图 66。花期 4 月，果熟期 8 ~ 9 月。

【生态习性】性喜干燥冷凉，抗寒力较强，喜光，对土壤要求不严，以深厚、疏松、地下水位较低的肥沃砂质壤土为最好，花期忌寒冷和阴雨。

附图 66　梨树

33. 桃　蔷薇科　桃属

【形态特征】落叶小乔木，小枝呈红褐色或褐绿色，无毛。叶椭圆状披针形，长 7 ~ 15cm，先端渐尖，基部阔楔形，缘有细锯齿。叶柄长 1 ~ 1.5cm，有腺体。花单生，径约 3cm，粉红色，近无柄，萼外被毛。果近球形，表面密被柔毛，见附图 67。花期 3 ~ 4 月，先叶开放，果 6 ~ 9 月成熟。

【生态习性】喜光，耐旱，喜肥沃而排水良好土壤，不耐水湿。喜夏季高温，有一定的耐寒能力，见附图 68。

附图 67　桃树果实

附图 68　桃花

34. 樱桃　蔷薇科　樱属

【形态特征】小乔木，树高近 10m，叶卵形至卵状椭圆形见附图 69、附图 70。花白色，果近球形，红色。花期 4 月，先叶开放，果 5 ~ 6 月成熟。

【生态习性】喜日光充足，温暖湿润气候及肥沃而排水良好的砂壤土。

附图 69　樱桃

附图 70　樱桃（冬态）

35. 山楂　蔷薇科　山楂属

【形态特征】落叶小乔木，枝密生，有细刺，幼枝有柔毛。小枝呈紫褐色，老枝呈灰褐色。叶片为三角状卵形至棱状卵形，长 2 ~ 6cm，宽 0.8 ~ 2.5cm，基部截形或宽楔形，两侧各有 3 ~ 5 羽状深裂片，基部 1 对裂片分裂较深，边缘有不规则锐锯齿。伞房花序，花序梗、花柄都有长柔毛，花白色，直径约 1.5cm，萼筒外有长柔毛，萼片内外两面无毛或内面顶端有毛。梨果深红色，有白色皮孔，近球形，见附图 71、附图 72。花期 5 ~ 6 月，果期 9 ~ 10 月。

附图 71　山楂果实

附图 72　山楂树（冬态）

【生态习性】山楂树适应能力强，容易栽培，树冠整齐，枝叶繁茂，病虫危害少，花果鲜美可爱，因而也是田旁、宅园绿化的良好观赏树种。

【易发生的病虫害】茶翅蝽、麻皮蝽、山楂叶螨。

36. 山桃　蔷薇科　桃属

【形态特征】落叶小乔木，干皮呈红褐色，有光泽，常具横向环纹，老时纸质剥落。叶呈狭卵状披针形，长 6 ~ 10cm。锯齿细尖，稀有腺体，花淡粉红色或白色，果球形，径 3cm，肉薄而干燥，见附图 73。花期 3 ~ 4 月，果期 7 月。

【生态习性】喜光，耐寒，对土壤适应性强，耐干旱、瘠薄，怕涝。山桃花期早，花繁茂，与柳树配置效果极佳，见附图 74。

【易发生的病虫害】大灰象甲、桃瘤蚜。

附图 73　山桃

附图 74　山桃树（冬态）

37. 紫叶李　蔷薇科　梅属

【形态特征】落叶小乔木，小枝光滑，幼时为紫色。叶呈紫红色，卵形、倒卵形，长 3 ~ 4.5cm，先端尖，基部圆形，叶缘具尖细重锯齿，背面中脉基部有柔毛。花常单生，淡粉红色，花径约 2.5cm，花梗长 1.5 ~ 2cm。果球形，暗红色。花期 4 ~ 5 月，果期 6 ~ 7 月，见附图 75、附图 76。

【生态习性】性喜光，在蔽荫条件下叶色不鲜艳。喜较温暖湿润的气候，不耐寒。较耐湿，喜肥沃的中酸性土壤。根系较浅，生长旺盛，萌枝力较强。

【易发生的病虫害】四黄斑吉丁虫。

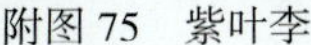
附图 75　紫叶李

附图 76　紫叶李（冬态）

38. 樱花　蔷薇科　樱属

【形态特征】落叶小乔木，树皮呈暗褐色，光滑而有光泽，具横展皮孔，小枝无毛。叶呈卵形至卵状椭圆形，叶缘锯齿状，叶背面苍白色，幼叶淡绿褐色。花与叶同放，常3～5朵呈短总状花序，有白色，淡粉红色，见附图77、附图78。花期4～5月。

附图 77　樱花一

附图 78　樱花二

【生态习性】性喜光，适应性强，有一定的耐寒和抗旱能力。喜深厚、肥沃、疏松、排水良好的中性土壤，不耐水湿及盐碱，浅根性。对烟尘及有害气体抗性较弱。

【易发生的病虫害】樱花褐斑穿孔病。

39. 西府海棠 蔷薇科 苹果属

【形态特征】落叶小乔木，树姿端直，小枝呈紫色。叶宽叶质硬，质薄，缘齿尖锐。花梗略短而不下垂。总状花序，花初放时色浓如胭脂，开时渐淡，见附图 79。

【生态习性】喜光，不耐荫。萌蘗力强，耐寒力强，易耐干旱，忌水涝。在深厚肥沃 pH 值 5.5 ~ 7.0 的微酸性、中性土壤中生长最旺盛。见附图 80。

附图 79 西府海棠

附图 80 西府海棠（冬态）

【易发生的病虫害】桧柏—海棠锈病、海棠腐烂病、扁刺蛾、斑衣蜡蝉。

40. 石榴 石榴科 石榴属

【形态特征】落叶小乔木，高可达 7m，树冠常不整齐，小枝有四棱。叶倒卵状至长椭圆形，全缘。叶在长枝上对生，短枝上簇生，叶柄短。花红色，有短梗，萼钟状，红紫色，子房迭生，见附图 81。

附图 81 石榴

【生态习性】喜光。光照、通风不良时，只长叶，开花少，较耐寒。点缀秋景，果可食。

【易发生的病虫害】石榴炭疽病、石榴角斑病。

41. 碧桃　蔷薇科　桃属

【形态特征】落叶小乔木，小枝呈红褐色，光滑无毛，冬芽具柔毛，叶片呈椭圆状披针形，芽并生，中间为叶芽，两旁为花芽。叶椭圆状披针形。花单生，几无柄，3 ~ 4 月开花，花常为白色、粉色、红色，见附图 82、附图 83。

附图 82　碧桃

附图 83　碧桃（冬态）

【生态习性】喜阳光充足环境，耐旱，耐高温，较耐寒，畏涝怕碱，喜排水良好的沙壤土。

【易发生的病虫害】桃流胶病、红蜘蛛。

42. 红枫　槭树科　槭树属

【形态特征】树高 2 ~ 4m,，枝条多细长光滑，偏紫红色。叶呈掌状，5 ~ 7 深裂纹，直径 5 ~ 10cm，裂片卵状披针形，先端尾状尖，缘有重锯齿。花顶生伞房花序，紫色。翅果，翅长 2 ~ 3cm，两翅间成钝角，见附图 84。

【生态习性】喜光，喜温暖湿润气候，较耐寒。

【易发生的病虫害】迹斑绿刺蛾

附图 84　红枫

43. 黄栌　漆树科　黄栌属

【形态特征】落叶乔木或灌木，树冠圆球形。树皮暗灰褐色，嫩枝紫褐色，有蜡粉。叶倒卵形，先端圆或微凹，无毛或仅下面脉上有短柔毛，叶柄细长，黄绿色。果序长 5 ~ 20cm，许多不孕花的花梗伸长成粉红色羽毛状，果肾形。花期 4 ~ 5 月，果熟 6 ~ 7 月，见附图 85、附图 86。

附图 85　黄栌

附图 86　黄栌（冬态）

【生态习性】喜光，耐侧荫，不耐严寒和干旱，对土壤要求不严，耐干旱瘠薄，耐轻度盐碱，不耐水湿及黏土。萌蘖性强，耐修剪，根系发达，生长快。

【易发生的病虫害】黄栌白粉病、黄栌黄萎病、黄栌胫跳甲。

44. 美人梅　蔷薇科　杏属

【形态特征】园艺杂交种，由重瓣粉型梅花与紫叶李杂交而成。落叶小乔木。叶片卵圆形，长 5 ~ 9cm，紫红色。花粉红色，繁密，先花后叶。花期春季，重瓣花，先叶开放，萼筒宽钟状，萼片 5 枚，近圆形至扁圆，花瓣 15 ~ 17 枚，小瓣 5 ~ 6 枚，花梗 1.5cm，雄蕊多数，见附图 87、附图 88。

附图 87　美人梅一

附图 88　美人梅二

【生态习性】喜阳光充足、通风良好、开阔的环境。喜土层深厚、排水良好、富含有机质的土壤。

【易发生的病虫害】大青叶禅。

45. 紫荆　豆科　紫荆属

【形态特征】丛生落叶灌木或小乔木，树皮幼时光滑，老则粗糙片裂，枝干粗壮直伸。叶近圆形，全缘，脉五出，3 ~ 4 月先叶开花。花玫瑰红，4 ~ 10 朵簇生于 2 ~ 4 年生枝上，花冠呈假蝶形。荚果条形、扁形，10 月成熟，见附图 89。

【生态习性】喜光，稍耐荫，较耐寒耐旱，忌水淹，一般土壤均适应，而石灰质砂壤土最为适宜。萌芽力强，易更新，耐修剪，见附图 90。

【易发生的病虫害】紫荆角斑病。

附图 89　紫荆

附图 90　紫荆（冬态）

46. 紫叶矮樱　蔷薇科　李属

【形态特征】落叶灌木或小乔木，枝条幼时呈紫褐色，老枝有皮孔。单叶互生，叶呈长卵形或卵状长椭圆形，长 4 ~ 8cm，先端渐尖，叶紫红色或深紫红色，叶缘有不整齐的细钝齿。花单生，中等偏小，淡粉红色，花瓣 5 片，微香，花期 4 ~ 5 月，见附图 91。

【生态习性】紫叶矮樱观赏效果好，生长快、繁殖简便、耐修剪，适应性强，是城市绿化优良的彩叶树种，见附图 92。

附图 91　紫叶矮樱

附图 92　紫叶矮樱（冬态）

47. 金银木　忍冬科　忍冬属

【形态特征】落叶灌木。小枝中空，幼时具微毛。叶呈卵状椭圆形或卵状披针形，端渐尖，基宽楔形或圆形，叶缘及两面均有毛。总花梗短于叶柄，有腺毛。相邻两花的萼筒分离，裂达中部，花冠先白后黄，芳香，唇形。浆果红色，合生。花期 5 月，果期 9 月，见附图 93、附图 94。

附图 93　金银木

附图 94　金银木（冬态）

【生态习性】性强健，耐寒，耐旱。喜光，宜稍耐荫。对土壤适应性较广泛，但喜湿润肥沃及深厚的土壤，不适宜在低洼积水处生长。能抗空气污染，对净化大气有较好的效果。

48. 紫薇　千屈菜科　紫薇属

【形态特征】落叶灌木，树干多扭曲。树皮常不规则薄片状脱落，内皮光滑。叶片呈倒卵状椭圆形，在小枝基部对生。花期 7 ~ 8 月。品种有丛生紫薇、高杆紫薇等，见附图 95、附图 96。

附图 95　紫薇

附图 96　紫薇（冬态）

【生态习性】喜光，亦耐半荫。喜温暖湿润气候，是夏季绿化的优良花木。

【易发生的病虫害】紫薇白粉病、紫薇绒蚧。

49. 木槿　锦葵科　木槿属

【形态特征】落叶灌木，小枝幼时密被绒毛，后渐脱落。叶呈菱状卵形，花单瓣或重瓣，有蓝紫色、白色、红色等色，蒴果卵圆形，密生星状绒毛。花期 6 ~ 9 月，见附图 97、附图 98。

附图 97　木槿

附图 98　木槿（冬态）

【生态习性】喜光，半耐荫。适应性强，耐寒，耐旱，耐瘠薄土壤，但不耐积水。萌蘖性强，耐修剪。对二氧化碳、氯气等有毒气体有较强抗性。

【易发生的病虫害】白星花金龟、棉蚜。

第三节　灌　　木

1. 贴梗海棠　蔷薇科　木瓜属

【形态特征】落叶灌木，大约高 2m。小枝开展，无毛，有刺。叶呈卵形或椭圆形，先端尖，基部楔形，缘有尖锐锯齿，托叶大，肾形或半圆形，缘有尖锐锯齿。花 3 ~ 5 朵簇生于二年生老枝上，有朱红色、粉红色或白色等花色。果黄绿色，果径 4 ~ 6cm，芳香。花期 3 ~ 4 月，果期 9 ~ 10 月，见附图 99、附图 100。

附图 99　贴梗海棠

附图 100　贴梗海棠（冬态）

【生态习性】喜光，耐瘠薄。喜排水良好的深厚土壤，不宜在低洼积水处栽植，水涝则根部易腐烂。有一定耐旱能力。

2. 榆叶梅　蔷薇科　桃属

【形态特征】落叶灌木。叶片呈宽椭圆形至倒卵圆形，先端渐尖，有时三裂，边缘有不等组的锯齿。花腋生，先叶开放，粉红色或近白色，花柄极短。核果橙红色，近球形，有毛，味酸苦。有单瓣、半重瓣和重瓣等品种与变种。花期 4 月上中旬，见附图 101、附图 102。

附图 101　榆叶梅

附图 102　榆叶梅（冬态）

【生态习性】温带树种，喜光，耐寒。对土壤要求不严，但以中性至微碱性而疏松肥沃的砂壤土为佳，不耐水涝。根系发达，耐寒力强。

【易发生的病虫害】桃粉蚜。

3. 水蜡　木犀科　女贞属

【形态特征】落叶或半常绿灌木，小枝具短柔毛，开张成拱形。叶为薄革质，呈椭圆形至倒卵状长圆形，无毛，顶端钝，基部呈楔形，全缘，边缘略向外反卷，叶柄有短柔毛。圆锥花絮，花白色，芳香，无梗，花冠筒长是花冠裂片长的 3 ~ 4 倍，花药长度超出花冠裂片。核果椭圆形，紫黑色。花期 7 ~ 8 月，果熟期 10 ~ 11 月，见附图 103。

【生态习性】适应性较强，喜光照，稍耐荫，耐寒，对土壤要求不严。

附图 103　水蜡

4. 珍珠梅　蔷薇科　珍珠梅属

【形态特征】落叶小灌木，枝呈黄褐色，幼时有柔毛，叶呈线状披针形，两面光滑无毛。花序呈伞形，无总梗，具 3 ~ 5 朵花，白色，花梗细长，花期 4 ~ 5 月，先花后叶。珍珠梅叶形似柳，花白如雪，故又称“雪柳”，见附图 104、附图 105。

【生态习性】喜阳光、温暖的环境，适宜湿润而排水良好的土壤，有一定的耐寒性。

【易发生的病虫害】梨圆盾蚧。

附图 104　珍珠梅

附图 105　珍珠梅（冬态）

5. 红叶小檗（紫叶小檗）　小檗科　小檗属

【形态特征】落叶灌木。小枝通常为红褐色，枝表面有沟槽，刺通常不分叉。叶呈紫红色倒卵形，先端钝，全缘。花浅黄色，1 ~ 5 朵簇生成伞形花序。浆果椭圆形，熟时红色。果熟期为 9 月，见附图 106。

附图 106　紫叶小檗

【生态习性】原产于日本，我国各大城市均有栽培。喜光，稍耐荫，耐寒性强，能适应多种类型土壤，但在肥沃而排水良好的砂壤土上生长最好。耐修剪，萌芽力强。

6. 金叶女贞　木犀科　女贞属

【形态特征】落叶或半常绿灌木，为小叶女贞的园艺变种。金叶女贞的新叶为金黄色，是近年来广为运用的优良彩色树种。单叶对生，先端渐尖，幼叶金黄色，圆锥花序，花白色，核果，见附图107。

附图107　金叶女贞

【生态习性】适应性强，对土壤要求不严，在我国长江以南及黄河流域等地的气候条件均能适应，生长良好。性喜光，稍耐荫，耐寒能力较强，在京津地区，气候好的楼前避风处，冬季可以保持不落叶。它抗病力强，很少有病虫危害。

【易发生的病虫害】棉大卷叶螟。

7. 红瑞木　山茱萸科　梾木属

【形态特征】落叶灌木，高可达3m，树皮呈暗红色，小枝呈血红色，幼时常有白粉，无毛。老枝干呈暗红色，枝呈血红色。叶对生，椭圆形。聚伞花序顶生，花乳白色。花期5～6月。果实乳白或蓝白色，成熟期8～10月，见附图108。

附图108　红瑞木

【生态习性】性喜光，极耐寒、耐旱、耐修剪，喜较深厚湿润但肥沃疏松的土壤。枝干红色，是理想的冬景树种。

8. 棣棠 蔷薇科 棣棠属

【形态特征】落叶灌木，小枝呈绿色，柔软下垂，光滑。叶互生，呈卵形至卵状椭圆形，先端长尖，基部呈截形或近圆形，缘有尖锐重锯齿，表面为鲜绿色，背面绿色。花金黄色，5瓣，单生于侧枝顶端，萼片宿存。瘦果黑色，扁球形。花期4～5月，果期8月，见附图109、附图110。

附图109 棣棠

附图110 棣棠（冬态）

【生态习性】亚热带树种，性喜温暖阴湿的环境。

稍耐荫，较耐湿，抗寒性不强，适应性强。对土壤要求不严，但喜富含腐殖质的酸性土壤。萌蘖力强。

9. 黄刺玫 蔷薇科 蔷薇属

【形态特征】落叶灌木，小枝具直伸皮刺，小叶呈宽卵形或近圆形，叶缘有圆钝锯齿，叶轴、叶柄有稀疏柔毛和小皮刺。花单生于叶腋，重瓣或半重瓣，黄色。果近球形或倒卵形，紫褐色或黑褐色。花期4～6月，果期7～8月，见附图111、附图112。

【生态习性】喜光，稍耐荫，耐寒力强。对土壤要求不严，耐干旱和瘠薄，在盐碱土中也能生长，不耐水涝。少病虫害。

【易发生的病虫害】蔷薇三节叶蜂。

附图 111　黄刺玫

附图 112　黄刺玫（冬态）

10. 丁香　木犀科　丁香属

【形态特征】落叶灌木，高 2 ~ 4m。顶芽常缺，假二叉分枝，小枝粗壮无毛。侧芽单生，有时叠生式并生，卵形，有明显四棱，暗紫红色。单叶对生，广卵形或肾形，基部近心形，全缘。圆锥花序生于侧生小枝顶端，花冠紫色或暗紫色。蒴果先端尖，花期 4 ~ 5 月，果期 9 ~ 10 月，见附图 113、附图 114。

附图 113　丁香

附图 114　丁香（冬态）

【生态习性】性喜阳光，稍耐荫，耐寒性强，耐旱，喜湿润，忌渍水。抗逆性强，对土壤要求不严，但适生于肥沃、疏松、排水良好的土壤中，切忌栽于低洼阴湿处。

【易发生的病虫害】小黄卷叶蛾。

11. 紫穗槐　豆科　紫穗槐属

【形态特征】丛生落叶灌木，高 4m 左右。嫩枝密生毛，后脱落。小叶呈窄椭圆形至椭圆形，先端圆或微凹，有芒尖，幼叶有毛，后渐脱落。花小，蓝紫色。果小，短镰形，花期 5 ~ 6 月，果期 9 ~ 10 月，见附图 115。

【生态习性】适应性、抗性强。喜光，耐干冷气候，耐 -40℃低温。水淹 45 天、地面温度 70℃或土壤含盐量 0.3% ~ 0.5%，都可以正常生长。根系发达，生长迅速。萌芽力强，抗污染，见附图 116。

【易发生的病虫害】灰盔蜡蚧。

附图 115　紫穗槐

附图 116　紫穗槐（冬态）

12. 锦带　忍冬科　锦带花属

【形态特征】落叶灌木，高可达 3m。幼枝有 2 列短绒毛，枝开展，叶对生，呈椭圆形或倒卵状椭圆形，基部呈圆形或楔形，缘有锯齿。花 1 ~ 4 朵成聚伞花序，生于短枝叶腋和顶端，萼片五裂，披针形，下半部连合，花冠呈漏斗状钟形，外面玫瑰红色，里面较淡，裂片 5 枚，圆形。蒴果柱状，光滑。花期 4 ~ 6 月，果期 10 月，见附图 117。

附图 117　锦带

【生态习性】喜光、耐寒，对土壤要求不严，但在深厚、湿润而腐殖质丰富的地方生长较好。忌涝。萌蘖力强，发丛快。

13. 迎春　木犀科　茉莉属

【形态特征】落叶灌木。小枝细长呈拱形，有四棱。叶对生，三小叶复叶，小叶卵圆形或长卵圆形。花单生，先叶开放，有叶状狭窄的绿色苞片。萼片 5 ~ 6 裂，花冠黄色。花期 2 ~ 4 月，见附图 118、附图 119。

附图 118　迎春

附图 119　迎春（冬态）

【生态习性】温带树种，适应性强，喜温暖湿润环境，较耐寒耐旱，但怕涝，在排水良好的肥沃地生长繁茂。浅根性，萌芽萌蘖力强。

【易发生的病虫害】迎春花黑霉病。

14. 连翘　木犀科　连翘属

【形态特征】落叶灌木。枝干直立，小枝呈绿色，节间内髓呈薄片状。叶对生，呈椭圆形至披针形，或倒卵状长椭圆形。花 1 ~ 3 朵簇生，萼片卵形，长约花冠筒之半，花深黄色，带绿色，花冠裂片狭长椭圆形。花期 5 月，见附图 120、附图 121。

【生态习性】性喜光照，适应性强，对酸碱及中性土壤均能适应，耐寒力尚可。根系发达，萌蘖力强。

【易发生的病虫害】连翘叶斑病。

附图 120 连翘

附图 121 连翘（冬态）

15. 丰花月季 蔷薇科 蔷薇属

【形态特征】该类型月季品种是指花朵繁多、株型紧凑呈灌丛状的月季类型，其特点是扩张型长势，花头成聚状，见附图 122。

附图 122 丰花月季

【生态习性】耐寒、耐高温、抗旱、抗涝、抗病，对环境的适应性极强，可广泛用于城市绿化、布置花坛、高速公路绿化等。

【易发生的病虫害】白粉病、黑斑病、灰霉病。

16. 小叶黄杨 黄杨科 黄杨属

【形态特征】常绿灌木或小乔木，灰白色，小枝较疏散，四棱形，具柔毛。叶呈椭圆形至卵状长椭圆形，表面深绿色，革质，有光泽，背面绿白色，叶柄短，有毛。花淡绿色，花药黄色。蒴果三脚鼎状，熟时黄褐色，见附图 123。

附图 123 小叶黄杨

【生态习性】喜温暖气候，耐荫，通常在湿润庇荫下生长得枝茂叶繁。阳光强烈的地方，叶多呈黄色。土壤要求疏松肥沃的砂质壤土。耐碱性较强。萌芽力强，耐修剪和扎形。

【易发生的病虫害】黄杨绢野螟。

17. 大叶黄杨 卫矛科 卫矛属

【形态特征】常绿灌木或小乔木，高度不超过 1 ~ 2m。小枝绿色，四棱形。叶革质，具光泽，呈椭圆形至倒卵形，长 3 ~ 6cm，缘有钝齿，两面无毛，叶柄长 0.6 ~ 1cm。花绿白色。蒴果扁球形。花期 5 月，果期 10 月，见附图 124。

附图 124 大叶黄杨

【生态习性】喜温暖湿润的海洋性气候。对土壤要求不严，以中性而肥沃壤土生长最适。适应性强，耐干旱和瘠薄。极耐修剪。

【易发生的病虫害】大叶黄杨白粉病、大叶黄杨叶斑病。

18. 砂地柏　柏科　圆柏属

【形态特征】匍匐灌木，高不及 1m。枝密，斜上展，小枝细，近圆形。鳞叶交叉对生相互紧贴，先端钝或急尖，背面中部有明显的椭圆形腺体。刺形叶常生于幼龄树上，雌雄异株。球果熟时呈暗褐紫色，被白粉。种子 1 ~ 4 粒，见附图 125。

附图 125　砂地柏

【生态习性】喜光，喜凉爽干燥气候，耐寒、耐旱、耐瘠薄，对土壤要求不严，不耐涝。适应性强，生长较快，栽培管理简单。

【易发生的病虫害】柏小爪螨。

19. 金山绣线菊　蔷薇科　绣线菊属

【形态特征】落叶小灌木，高 30 ~ 40cm，老枝呈褐色，新枝呈黄色，枝条呈折线状，不通直，柔软。叶呈卵状，互生，叶缘有桃形锯齿。花蕾及花均为粉红色，10 ~ 35 朵聚成复伞形花序，花期 5 月中旬至 10 月中旬，盛花期为 5 月中旬至 6 月上旬，花期长，观花期 5 个月。3 月上旬开始萌芽，新叶金黄，老叶黄色，夏季黄绿色。8 月中旬开始叶色转金黄，10 月中旬后，叶色带红晕，12 月初开始落叶，色叶期 5 个月，见附图 126。

附图 126　金山绣线菊

【生态习性】喜光，稍耐阴，极耐寒，生长快，易成型。喜深厚、肥沃、排水良好的土壤，不耐水湿，耐干旱，对土壤酸碱度要求不严。

【易发生的病虫害】大红蛱蝶。

20. 金焰绣线菊　蔷薇科　绣线菊属

【形态特征】株高 0.4 ~ 0.6m，冠幅 0.7 ~ 0.8m。新梢顶端幼叶为红色，下部叶片为黄绿色，叶呈卵形至卵状椭圆形，长 4cm，宽 1.2cm。伞房花序，小花密集，花粉红色，花径 5cm，见附图 127。花期长达 4 个月，从 6 ~ 9 月开花 4 ~ 6 次，每次 15 ~ 20 天。生长季剪截新梢后过 20 ~ 25 天又在分枝上开花，可利用这一特性人为调整开花数。

附图 127　金焰绣线菊

【生态习性】喜光及温暖湿润的气候，在肥沃土壤中生长旺盛，耐修剪，栽培地应排水良好。

【易发生的病虫害】大红蛱蝶。

21. 大叶醉鱼草　马钱科　醉鱼草属

【形态特征】落叶灌木，高 3 ~ 5m。小枝四棱形，枝条长，斜生。单叶对生，叶椭圆状披针形，叶色灰绿，叶被面密被白色棉毛和星状毛。花期 6 ~ 9 月，见附图 128、附图 129。

附图 128　大叶醉鱼草

附图 129　大叶醉鱼草（冬态）

【生态习性】主要生长于长江流域。性喜阳，喜温暖气候，喜欢生长于排水好的地方。植株萌发力强，耐修剪，性强健，耐寒、耐旱、耐贫瘠及粗放管理。

22. 金叶莸　马鞭草科　莸属

【形态特征】株高 1.2m，冠幅 1.0m，枝条呈圆柱形。单叶对生，叶呈楔形，长 3 ~ 6cm，叶面光滑，鹅黄色，叶先端尖，基部钝圆形，边缘有粗齿，见附图 130。

附图 130　金叶莸

【生态习性】喜光，也耐半荫，耐旱、耐热、耐寒，在 -20℃以上的地区能够安全露地越冬。

23. 蔷薇　蔷薇科　蔷薇属

【形态特征】落叶灌木，植株丛生，蔓延或攀援，小枝细长，不直立，多被皮刺，无毛。叶互生，奇数羽状复叶，小叶 5 ~ 9 个，呈倒卵形或椭圆形，先端急尖，边缘有锐锯齿，两面有短柔毛，叶轴与柄都有短柔毛或腺毛，托叶与叶轴基部合生，边缘齿状分裂，有腺毛。多花簇生组成圆锥状伞形花序，花多朵，花径 2 ~ 3cm。花瓣 5 枚，先端微凹，野生蔷薇为单瓣，也有重瓣栽培品种。花有红、白、粉、黄、紫、黑等色，红色居多，黄蔷薇为上品，具芳香见附图 131、附图 132。每年开花一次，花期 5 ~ 6 月。果近球形，呈红褐色或紫褐色，径约 6mm，光滑无毛。

附图 131　蔷薇

附图 132　蔷薇（冬态）

【生态习性】喜阳光，亦耐半荫，较耐寒，在中国北方大部分地区都能露地越冬。对土壤要求不严，耐干旱，耐瘠薄，但栽植在土层深厚、疏松、肥沃湿润而又排水通畅的土壤中生长更好，也可在粘重土壤上正常生长。不耐水湿，忌积水。新株定植时要施入腐熟有机肥。霜植后头一二年可于每年深秋开沟施一次基肥，以利生长和开花。萌蘖性强，耐修剪，抗污染。

【易发生的病虫害】蔷薇白粉病蔷薇炭疽病。

24. 凤尾兰　百合科　丝兰属

【形态特征】绿灌木，茎短，叶基部簇生，呈螺旋状排列，叶片坚厚，长 50 ~ 80cm，宽 4 ~ 7cm，顶端具硬尖刺，叶面有皱纹，浓绿色而被少量白粉，坚直斜伸，叶缘光滑，老叶具少数丝状物。夏秋间开花，花轴发自叶丛间，直立高 1 ~ 1.5m，圆锥花序，花杯形，下垂，白色，外缘绿白色略带红晕，径 8 ~ 10cm，见附图 133。

附图 133 凤尾兰

【生态习性】性强健，容易成活，对土壤适应性很强，任何土质均能生长良好。性喜阳光充足及通风良好的环境，又极耐寒冷，适宜在华北地区露地栽培。凤尾兰根系发达，生命力强。它的叶片有一层较厚的角质层和蜡被，能减少蒸发，所以抗旱能力特强。

【易发生的病虫害】炭疽病。

第四节 花卉及地被植物

1. 大花秋葵 锦葵科 秋葵属

【形态特征】株高 1 ~ 1.5m。叶互生，呈卵状椭圆形二浅裂或不裂，基部呈圆形，先端尾尖，叶缘具粗锯齿，叶背着生星状毛。花形碗状，单生于上部叶腋间，直径可达 15 ~ 20cm，花期 6 ~ 10 月，见附图 134。

【生态习性】性强健，较耐旱，易于栽培，对土壤要求不严，有一定的耐盐碱力，但在深厚肥沃的沙质土壤中生长最好。喜光，在遮阴处生长不良，应栽种于光照充足的向阳处。

【易发生的病虫害】棉铃虫。

附图 134 大花秋葵

2. 玉簪 百合科 玉簪属

【形态特征】多年生草本，根茎粗状，有多数须根。叶茎生成丛，呈心状卵圆形，具长柄，叶脉弧形。花由叶丛中抽出，高出叶面，着花 9 ~ 15 朵，组成总状花序。花白色，有香气，具细长的花被筒，先端 6 裂，呈漏斗状，花期 7 ~ 9 月。蒴果圆柱形，成熟时 3 裂，种子黑色，顶端有翅，见附图 135。

附图 135 玉簪

【生态习性】属典型的阴性植物，喜阴湿环境，受强花照射则叶片变黄，生长不良，喜肥沃、湿润的沙壤土，性极耐寒，我国大部分地区均能在露地越冬，地上部分经霜后枯萎，翌春萌发新芽。

【易发生的病虫害】灰霉病。

3. 芍药　毛茛科　芍药属

【形态特征】多年生草本，高 60 ~ 80cm，根肉质，粗壮，茎丛生，初生茎叶呈褐红色。茎下部为二回三出复叶，上部渐变为单叶，叶呈卵状披针形，全缘。单花顶生或腋生，梗较长，萼片 4 ~ 5，宿存，花单瓣或重瓣，花色有白、黄、粉红、紫红等，开花期因地区不同略有差异，一般在 4 月下旬至 6 月上旬之间，见附图 136。

附图 136　芍药

【生态习性】耐寒，健壮，适应性强，我国北方大部分可露地越冬，喜阳光，亦耐疏荫，忌夏季酷热，好肥，忌积水，以壤土或砂质壤土栽培为宜，尤喜富含磷质有机肥的土壤，盐碱地和低洼地不能种植。

【易发生的病虫害】芍药轮纹病、芍药红斑病。

4. 马蔺　鸢尾科　鸢尾属

【形态特征】多年生宿根草本植物，丛密，根茎粗壮，须根细长而坚韧。叶基生，狭线形，长 50 ~ 60cm，宽 4 ~ 6mm，无明显中脉，基部具纤维状老叶鞘，叶下部带紫色，质地较硬。花莛光滑，与叶近等高，苞片 3 ~ 5 枚，革质，内含花 2 ~ 4 朵。花浅蓝色至蓝紫色，直径约 5 ~ 6cm，果期 9 月，见附图 137。

【生态习性】抗旱，耐盐碱，绿期、花期长、色泽美。

【易发生的病虫害】叶斑病。

附图 137　马蔺

5. 红运萱草　百合科　萱草属

【形态特征】多年生草本，根状茎纺锤形，肉质，有发达的根群。叶基部合生成丛，排成二列，呈披针形，中脉明显，叶细长，拱形下垂。共莛粗壮，高 1m 左右，顶生聚伞花序，花冠漏斗形，花被 6 片，每轮 3 片，花瓣略反卷，花色橘红至橘黄色，见附图 138。

附图 138　红运萱草

【生态习性】性强健，耐寒力强，宿根在华北大部分地区可露地越冬。

【易发生的病虫害】蝼蛄。

6. 大花萱草　百合科　萱草属

【形态特征】多年生草本，肉质根茎较短。叶基生，二列状，叶片线形，长约30～45cm，宽2～2.5cm。花茎高出叶片，上方有分枝，小花2～4朵，有芳香，花大，具短梗和大型三角状苞片。花冠漏斗状至钟状，裂片外弯。花期7～8月，见附图139。

附图139　大花萱草

【生态习性】原产西伯利亚。耐寒性强，耐光线充足，又耐半荫，对土壤要求不严，但以腐殖质含量高、排水良好的湿润土壤为好。

【易发生的病虫害】病虫害及防治方法见小花萱草病虫害防治。

7. 金娃娃萱草　百合科　萱草属

【形态特征】地下具根状茎和肉质肥大的纺锤状块根。叶基生，呈条形，排成两列，长约25cm，宽1cm。株高30cm，花莛粗壮，高约35cm。螺旋状聚伞花序，花7～10朵。花冠漏斗形，花径约7～8cm，金黄色，见附图140。

【生态习性】喜光，耐干旱，对土壤适应性强，但以土壤深厚、富含腐殖质、排水良好肥沃的砂质壤土为好。病虫害少，在中性、偏碱性土壤中均能生长良好。性耐寒，能耐-20℃的低温。

【易发生的病虫害】病虫害及防治方法见小花萱草病虫害防治。

附图 140　金娃娃萱草

8. 鸢尾　鸢尾科　鸢尾属

【形态特征】多年生宿根性直立草本，高约 30 ~ 50cm。根状茎匍匐多节，粗而节间短，浅黄色。叶为渐尖状剑形，宽 2 ~ 4cm，长 30 ~ 45cm，质薄，淡绿色，呈二纵列交互排列，基部互相包叠。春至初夏开花，总状花序 1 ~ 2 枝，每枝有花 2 ~ 3 朵，花蝶形，花冠蓝紫色或紫白色，见附图 141。

附图 141　鸢尾

【生态习性】耐寒性较强，喜排水良好，富含腐殖质、略带碱性的黏性土壤。

【易发生的病虫害】鸢尾叶斑病。

9. 常夏石竹　石竹科　石竹属

【形态特征】二年生草本，株高 15 ~ 50cm，茎光滑，直立，较细软，分枝多，丛生性强，节膨大。叶对生，线状披针形，无叶柄，叶脉明显。花单生，或数朵簇生成聚伞花序，花萼圆筒形，花瓣 5 枚，花红色、粉红色和白色，苞片线状，花期 4 ~ 5 月，蒴果矩圆形，果熟期 5 ~ 6 月，见附图 142。

附图 142　常夏石竹

【生态习性】喜光、耐寒、忌高温气候。生长健壮，耐粗放管理。

【易发生的病虫害】石竹灰霉病。

10. 荷兰菊　菊科　紫菀属

【形态特性】荷兰菊又名纽约紫菀，为菊科，紫菀属宿根花卉。须根较多，有地下走茎，茎丛生、多分枝，高 60 ~ 100cm，叶呈线状披针形，光滑，幼嫩时微呈紫色，在枝顶形成伞状花序，花蓝紫色，花期为 10 月，见附图 143。

【生态习性】多年生草本植物。耐寒性强，在我国东北地区可露地越冬。喜温暖湿润和阳光充足环境，耐寒性强。也耐炎热，宜肥沃、排水良好的沙壤上或腐叶土。花期 8 ~ 10 月。

【易发生的病虫害】菊花灰斑病。

附图 143 荷兰菊

11. 福禄考 花葱科 福禄考属

【形态特征】一二年生草本，株高 15 ~ 45cm。茎直立，多分枝，有腺毛。叶互生，基部叶对生，呈宽卵形、矩圆形或披针形，长 2 ~ 7.5cm，顶端急尖或突尖，基部渐狭或稍抱茎，全缘、上面有柔毛，下面仅上有柔毛，叶无柄，见附图 144。

附图 144 福禄考

【生态习性】性喜温暖，稍耐寒，忌酷暑。在华北一带可冷床越冬。宜排水良好、疏松的壤土，不耐旱，忌涝。

【易发生的病虫害】福禄考白斑病。

12. 千屈菜 千屈菜科 千屈菜属

【形态特征】多年生草本，高达 1m。多分枝，枝 4 ~ 6 棱，幼时有白色柔毛，后脱落。叶对生或 3 枚轮生，无柄。叶片狭披针形，长 4 ~ 6cm，宽 1 ~ 1.5cm，顶端钝或短尖，基部圆形或心形，有时稍包茎，见附图 145。

【生态习性】性喜光和通风良好的环境。通常在浅水中生长良好。耐寒性强，在我国南北各地均可露地越冬。

附图 145 千屈菜

13. 香蒲 蒲科 香蒲属

【形态特征】为多年生宿根性沼泽草本植物，植株高 1.4 ~ 2m，有的高达 3m 以上。根状茎白色，长而横生，节部处生许多须根，老根呈黄褐色。茎呈圆柱形，直立，质硬而中实。叶扁平带状，长达 1m 多，宽 2 ~ 3cm，光滑无毛，见附图 146。

【生态习性】适应性强，生于湖面沼泽。

附图 146 香蒲

14. 地被菊 菊科 菊属

【形态特征】多年生草本，株型矮壮、花朵紧密、自然成型，花期 9 ~ 10 月。颜色有红色、紫色，花期夏秋季，高度 30 ~ 40cm，见附图 147。

【生态习性】土壤要求疏松、肥沃。喜充足阳光。

附图 147 地被菊

15. 白三叶 豆科 车轴草属

【形态特征】多年生草本。茎匍匐，长 30 ~ 60cm，无毛，节上生根。掌状复叶，互生，具长柄，小叶 3 枚，见附图 148。

附图 148 白三叶

【生态习性】喜温凉湿润气候。生长最适温度为 19 ~ 24℃，适应性较其他三叶草广。耐热耐寒性比红三叶、杂三叶强，也耐荫，在部分遮荫的条件下生长良好。为簇生草坪草，靠匍匐茎蔓延。对土壤要求不严，耐贫瘠，耐酸，最适排水量好、富含钙质及腐殖质的黏质土壤，不耐盐碱。

16. 景天类　景天科　景天属

【形态特征】多年生肉质草木，盆栽高 40 ~ 50cm。有节，微被白粉，茎柱形粗壮，呈淡绿色。叶灰绿色，呈卵形或卵圆形，扁平肉质，叶上缘有时微具波状齿，见附图 149。

附图 149　景天

【生态习性】耐旱，稍耐荫，不耐践踏。

【易发生的病虫害】竹节寥白粉病。

17. 二月兰　十字花科　诸葛菜属

【形态特征】二年生草本，株高 30 ~ 50cm，茎光滑直立，上被有白粉。基生叶呈琴状羽裂，茎生叶呈不规则长椭圆状卵形，有缺刻。总状花序着生茎顶，花淡紫色，花期 3 ~ 5 月。长角果条形，具喙，见附图 150。

【生态习性】喜光，也耐半荫，耐寒，不择土壤，自播能力强。宜作树坛隙地、林缘绿化用。

附图 150 二月兰

18. 苜蓿 豆科 苜蓿属

【形态特征】小叶呈倒卵形或倒披针形，长 1 ~ 2cm，顶端圆，中肋稍凸出，上半部叶有锯齿，基部狭楔形，托叶狭披针形，全缘。总状花序腋生，紫色。荚果螺旋形，无刺，含 2 ~ 8 枚乃至更多的种子。花果期 5 ~ 6 月。花小。在阳光充足、热量中等、气候干燥、有传粉昆虫的地区生长繁盛，见附图 151。

【生态习性】耐干旱，耐冷热，产量高。

附图 151 苜蓿

第五节　攀援植物

1. 美国地锦　葡萄科　地锦属

【形态特征】落叶藤本，其幼枝带紫红色。卷须与叶对生，顶端吸盘大。掌状复叶，具长柄，小叶五枚，质较厚，呈卵状长椭圆形至倒长卵形，长 4 ~ 10cm，先端尖，基部楔形，缘具大齿牙，表面暗绿色，背面略带白粉并具毛，见附图 152。

附图 152　美国地锦

【生态习性】原产美国东部，我国有引种栽培。适应性强，生长迅速，耐寒耐旱性都较强。

【易发生的病虫害】地锦叶枯病。

2. 中国地锦（爬山虎）　葡萄科　地锦属

【形态特征】落叶藤本，分枝多，卷须短且多分枝，顶端扩大成吸盘，单叶三裂或三小叶，互生，叶呈广卵形，长 10 ~ 20cm，基部心形，缘有粗齿，表面无毛，背面脉上常有柔毛，见附图 153。幼苗或下部枝上的叶较小，常分成三小叶或为三全裂。花两性。聚伞形花序通常生于短枝顶端的两叶间。浆果球形，熟时蓝黑色，被白粉。花期 6 月，果期 10 月。

附图 153　中国地锦

【生态习性】性喜阴湿，也不畏强烈阳光直射，能耐寒冷和干旱，适应性强，在一般土壤上皆能生长，且生长迅速。

【易发生的病虫害】病虫害防治方法见美国地锦病虫害防治。

3. 藤本月季　蔷薇科　蔷薇属

【形态特征】落叶灌木，呈藤状或蔓状，姿态各异，可塑性强，短茎的品种枝长只有 1m，长茎的达 5m。其茎上有疏密不同的尖刺，花单生、聚生或簇生，花茎从 2.5 ~ 14cm 不等，花色有红、粉、黄、白、橙、紫、镶边色、原色、表背双色等，十分丰富，花型有杯状、球状、盘状、高芯等，见附图 154。

附图 154　藤本月季

【生态习性】 喜光，不喜荫，在肥水充足的条件下，枝叶茂盛，花盛色艳，日常管理和其他月季一样，冬季加以适当修剪，剪去残花、果实、枯枝等，并在土中施入肥料，来年即可繁花似锦。

【易发生的病虫害】 月季白粉病、月季黑斑病、月季煤污病。

4. 凌霄 紫葳科 凌霄属

【形态特征】 落叶大藤本，以气生根攀援上升，茎长达 10m。树皮呈灰褐色，成细条状纵裂，小枝紫褐色。奇数羽状复叶，对生，卵形或卵状披针形，缘有粗锯齿，两面光滑无毛。顶生圆锥花序，花冠内面鲜红色，外面橙红色，钟形。花期 7 ~ 9月，见附图 155。

附图 155 凌霄

【生态习性】 喜阳，也较耐荫，喜温暖湿润，不甚耐寒。在华北，苗期需包草防寒，成长后能露地越冬。要求排水良好、肥沃湿润土壤。也耐干旱，忌积水，萌芽力、萌蘖力均强。花期 6 月下旬至 9 月上旬，长达 3 个月之久。

【易发生的病虫害】 凌霄叶斑病。

5. 金银花 忍冬科 忍冬属

【形态特征】 常绿或半常绿缠绕藤本。细茎，中空，多分枝，皮老化后成条状剥落。幼枝密生柔毛。叶对生，呈卵形或卵状长圆形。花成对生于叶腋，先白后转黄色。浆果成球形，为黑色，见附图 156。

附图 156　金银花

【生态习性】原产于我国，适应性很强，喜阳，耐荫，耐寒性强，也耐干旱和水湿。以湿润、肥沃的深厚砂质壤土生长最佳。每年春夏两季发梢，根系繁密发达。萌蘖性强，茎蔓着地即能生根。

【易发生的病虫害】金银花白粉病。

6. 常春藤　五加科　常春藤属

【形态特征】常绿攀援藤本。茎枝有气生根，幼枝被鳞片状柔毛。叶互生，2 裂，革质，宽 3 ~ 8cm，先端渐尖，基部楔形，全缘或 3 浅裂，花枝上的叶椭圆状卵形，长 5 ~ 12cm，宽 1 ~ 8cm。伞形花序单生或 2 ~ 7 个顶生，花小，黄白色或绿白色，花数 5。子房下位，花柱合生成柱状。果圆球形，浆果状，黄色或红色。花期 5 ~ 8 月，果期 9 ~ 11 月，见附图 157。

附图 157　常春藤

【生态习性】喜欢比较冷凉的气候，耐寒力较强。忌高温闷热环境，气温在30℃以上生长停滞。对光照要求不严格，在直射的阳光下或光照不足的室内都能生长发育。

【易发生的病虫害】花叶常春藤斑点病。

7. 紫藤　豆科　紫藤属

【形态特征】大型落叶木质藤本。奇数羽状复叶，小叶呈卵形或卵状披针形。花大，色紫，形成下垂的总状花序。荚果，密被灰色有光泽的绒毛。花期4～5月，与叶同放或稍早于叶开放，见附图158。

【生态习性】亚热带及温带植物，对气候和土壤的适应性强，较耐寒，喜光，较耐荫，能耐水湿及瘠薄土。以土层深厚、排水良好、向阳避风的地方栽培最适宜。主根深，侧根浅，不耐移栽。生长较快，寿命很长。缠绕能力强，能绞杀其他植物，见附图159。

【易发生的病虫害】变色夜蛾。

附图158　紫藤

附图159　紫藤（冬态）

8. 金红久忍冬　忍冬科　忍冬属

【形态特征】园艺杂交品种，落叶藤本。茎长可达2～5m。叶对生，叶片呈卵状椭圆形。花冠两轮外轮，玫红色，内轮黄色具香味。花期4～6月，见附图160。

【生态习性】性喜阳光充足。栽植在肥沃、湿润的沙壤土上生长良好。耐半荫、耐旱、耐寒。生长期充分浇水、施肥、立支架以利其攀援生长。压条繁殖，常于6～7月进行。

【易发生的病虫害】红天蛾。

附图 160　金红久忍冬

9. 葡萄　葡萄科　葡萄属

【形态特征】落叶藤本，茎皮红褐色，老时条状剥落，小枝光滑，或幼时有柔毛，卷须间歇性与叶对生。叶互生，近圆形，长 7 ~ 15cm，3 ~ 5 掌状裂，基部心形，缘有粗齿，叶柄长 4 ~ 8cm。花小，黄绿色，圆锥花序大而长。浆果呈圆球形，熟时黄绿色或紫红色，有白粉。花期 5 ~ 6 月，果 8 ~ 9 月成熟，见附图 161。

附图 161　葡萄

【生态习性】性喜光，喜干燥及夏季高温的大陆性气候。冬季需要一定低温，但严寒时又必须埋土防寒。以土层深厚、排水良好而湿度适中的微酸性至微碱性砂质或砾质壤土生长良好。

【易发生的病虫害】红天蛾。

第六节　草　　坪

1. 高羊茅　禾本科

【形态特征】秆成疏丛，直立，粗糙，幼叶折叠。叶舌呈膜状，长0.4～1.2mm，平截形，叶耳短而钝，有短柔毛。茎基部宽，分裂的边缘有茸毛，叶片呈条形，扁平，挺直，近轴面有背且光滑，具龙骨，稍粗糙，边缘有鳞，长15～25cm，宽4～7mm。圆锥花序，见附图162。

附图162　高羊茅

【生态习性】性喜寒冷潮湿、温暖的气候。对高温有一定的抗性，耐干旱和践踏。喜光，耐半荫，对肥料反应敏感，抗逆性强，耐酸，耐瘠薄，抗病性强。

【易发生的病虫害】褐斑病、白粉病、蝗虫、蛴螬。

2. 结缕草　禾本科

【形态特性】多年生草坪植物，具直立茎，秆茎淡黄色。叶片为革质，长3～4cm，扁平，具有一定的韧性，表面有疏毛。花期5～6月，总状花序，见附图163。

【生态习性】适应性和生长势强。喜温暖湿润气候，尤其在四季气温变化不显著，昼夜温差小的地区生长最好。耐寒性强，低温保绿性比大多数暖季型草坪亦强，适应范围广。

【易发生的病虫害】防治方法见高羊茅病虫害防治。

附图 163　结缕草

3. 野牛草　禾本科

【形态特征】叶丛低矮，具匍匐枝。匍匐枝节间较短，每节生出幼嫩叶片及根系，形成覆盖度大的草坪。秆高 5 ~ 25cm，较细弱。叶片呈细条形，灰绿色，两面疏生白柔毛。雌雄同株或异株。雄花序 2 ~ 3 枝，排成总状，雌小穗簇生成头状花序，见附图 164。

附图 164　野牛草

【生态习性】野牛草可粗放管理，适应性强，可在条件较差、土质瘠薄的平地或斜坡栽植。特别是在土质较差的建筑物周围，野牛草仍能正常生长。野牛草建成的开放性草坪，只要人流量适当，春季返青时不过度践踏，整个生长季均能保持一片绿茵。

【易发生的病虫害】病虫害及防治方法见高羊茅病虫害防治。

4. 早熟禾　禾本科

【形态特征】多年生草本，具匍匐根状茎。秆光滑，高50～75cm，有2～3节。叶狭线形。圆锥花序，开展。小穗卵圆形，含2～5朵小花。外稃脊和边脉中部以下有长柔毛，间脉明显隆起，基盘具稠密白毛。花果期5～7月，见附图165。

附图165　早熟禾

【生态习性】喜温暖、湿润的气候，抗寒力极强，亦能耐旱。对土壤的适应性较强。生长绿色期长，在北京地区可长达270天。耐寒性强，耐旱，耐热性稍差。

【易发生的病虫害】病虫害及防治方法见高羊茅病虫害防治。

参考文献

［1］于晓南等 . 北京主要园林植物识别手册［M］. 北京：中国林业出版社，2009.

［2］城市园林绿化养护管理标准 / 北京市地方标准［S］. 北京市质量技术监督局 . 2003. 10. 1 实施

［3］崔晓阳，方怀龙 . 城市绿地土壤及其管理［M］. 北京：中国林业出版社，2000.

［4］薛光，马建霞 . 草坪杂草及化学防除彩色图谱［M］，北京：中国农业出版社，2001.

［5］韩烈保等 . 草坪建植与管理手册［M］. 北京：中国林业出版社，1999.

［6］黄必至，曹文波，陈佐忠 . 草坪营养与施肥［M］. 北京：中国林业出版社，1999.

［7］王子清 . 常见蚧虫鉴定手册［M］. 北京：科学出版社，1980.

［8］公路养护安全作业规程 / 中华人民共和国行业标准［S］. 中华人民共和国交通部 2004.6.11 发布，2004.9.1 实施

［9］屈朝彬等 . 公路绿化植物病虫害防控图谱［M］. 北京：中国林业出版社，2008.

［10］花卉学［M］. 北京林业大学 . 北京：中国林业出版社，1992

［11］江荣先，段东泰 . 树木风采（上、下）［M］. 北京：农村读物出版社，2004.

［12］邹钟琳 . 昆虫生态学［M］. 上海：上海科学技术出版社，1980.

［13］屠子钦 . 农药科学使用指南［M］. 北京：金盾出版社，2000.

［14］王乃康，茅也冰，赵平 . 现代园林机械［M］. 北京：中国林业出版社，2000.

［15］徐志华 . 园林花卉病虫生态图鉴［M］. 北京：中国林业出版社，2006.

［16］祝遵凌，王瑞辉 . 园林植物栽培养护［M］. 北京：中国林业出版社，2005.

［17］张东林等 . 园林苗圃育苗手册［M］. 北京：中国农业出版社，2003.

［18］张宝棣 . 园林花木病虫害诊断与防治原色图谱［M］. 北京：金盾出版社，2002.

［19］杨子琦，曹华国 . 园林植物病虫害防治图鉴［M］. 北京：中国林业出版社，2002.

［20］丁梦然等 . 园林花卉病虫害防治彩色图谱［M］. 北京：中国农业出版社，2001.

［21］毛春英 . 园林植物栽培技术［M］. 北京：中国林业出版社，1998.

［22］程祥之 . 园林机械［M］. 北京：中国林业出版社，1995.

[23] 赵怀谦等 . 园林植物病虫害防治手册 [M] . 北京：中国农业出版社，1994.
[24] 陈有民等 . 园林树木学 [M] . 北京：中国林业出版社，1988.
[25] 王世动 . 植物及植物生理学 [M] . 北京：中国建筑工业出版社，1999.
[26] 陆家云等 . 植物病害诊断 [M] . 北京：农业出版社，1997.
[27] 潘瑞炽，董愚得 . 植物生理学 [M] . 北京：人民教育出版社，1980.
[28] 方中达 . 植病研究方法 [M] . 北京：农业出版社，1979.
[29] 袁嗣令等 . 中国乔、灌木病害 [M] . 北京：科学出版社，1997.